Robin Williams

1951-2014

Emily Herbert

Robin Williams
1951-2014

Traduit de l'anglais (États-Unis)
par Sébastien Baert

Michel Lafon

118, avenue Achille-Peretti – CS 70024
92521 Neuilly-sur-Seine Cedex

www.michel-lafon.com

« *Carpe diem !*
Saisissez l'occasion, les gars,
donnez à vos vies un sens extraordinaire ! »

JOHN KEATING (Robin Williams),
Le Cercle des poètes disparus, 1989

Hommages

Voici quelques hommages rendus au regretté Robin Williams.

Melissa Joan Hart@MelissaJoanHart : Absolument bouleversée par la mort tragique d'une de mes idoles ! Repose en paix, Robin Williams.

Lindsay Lohan@lindsaylohan : M. Williams est venu me rendre visite le premier jour du tournage d'*À nous quatre*. Jamais je n'oublierai sa gentillesse. Quelle perte immense ! Toutes mes condoléances.

Joel McHale@joelmchale : RIP[1]@robinwilliams. Tu étais l'un des meilleurs, tu étais mon héros. #RobinWilliams

Anna Kendrick@AnnaKendrick47 : Ô capitaine, mon capitaine ! Lève-toi et entends les cloches.

1. RIP : Rest in Peace.

Lève-toi, car pour toi le drapeau est hissé, pour toi le clairon sonne.

Kirstie Alley@kirstiealley : RIP, mon cœur… Tu as fait rire tout le monde pendant des années… Le moment est venu de te reposer. Je t'embrasse fort.

Jane Lynch@janemarielynch : Une si grande perte pour nous. Une grande victoire pour Orson. #RIPRobinWilliams

Rita Wilson@RitaWilson : Je suis dévastée. Mon très cher ami Robin Williams n'est plus. Toutes nos prières pour ses amis, sa famille et ses magnifiques enfants.

Chris Colfer@chriscolfer : Lorsque j'étais plus jeune, Robin Williams était mon héros. C'est quand on a l'impression que quelqu'un fait partie de la famille que l'on reconnaît sa valeur.

Jeremy Piven@jeremypiven : Mon père m'a emmené voir un de ses spectacles d'improvisation. Je n'avais jamais vu ça, il était incroyable. Jamais je ne l'oublierai !

John Stamos@JohnStamos : Oh ! mon Dieu. Le tout premier autographe que j'ai obtenu était : « Cher argent, envoie-moi maman. Robin Williams. »

Lori Loughlin@LoriLoughlin : Je suis bouleversée, et très triste de la disparition de Robin Williams. J'ai eu l'immense plaisir de travailler avec lui dans *Les deux font la père* #RobinWilliams.

Mindy Kaling@mindykaling : Mon prénom est celui d'un personnage d'une sitcom dans laquelle jouait Robin Williams, diffusée à l'époque où mes parents vivaient encore en Afrique. Il comptait beaucoup pour de nombreuses personnes, même ailleurs qu'aux États-Unis.

Lena Dunham@lenadunham : Nous venons de respecter une minute de silence sur le plateau en hommage à Robin Williams, qui nous a énormément fait rire et a fait le bonheur de beaucoup de gens.

Kathy Griffin@kathygriffin : C'est en 1991 que j'ai fait la connaissance de Robin Williams, cet homme gentil, généreux et brillant. Le voilà en compagnie de son idole, Jonathan Winters. #RIP.

Queen Latifah@IAMQUEENLATIFAH : Merci pour toutes ces années de fous rires. Repose en paix, Robin Williams.

Meredith Vieira@meredithvieira : Je suis sûre qu'avec son ami Jonathan Winters, ils font bien rire les anges.

Ellen DeGeneres@TheEllenShow : Je n'arrive pas à croire que Robin Williams est mort. Il s'est montré si généreux avec son public… J'ai un immense chagrin.

Scott Weinger@ScottWeinger : Adieu au héros de mon enfance, à mon génie. Sans lui, le monde ne sera plus jamais le même.

Debbie Allen@msdebbieallen : Oh ! mon Dieu, je suis dévastée. Quelle perte immense ! #RIPRobinWilliams.

Mandy Moore@TheMandyMoore : Honorée d'avoir pu travailler avec quelqu'un d'aussi brillant. Tout mon amour et mes prières pour sa famille et ses amis. #RIPRobinWilliams.

John Mayer@JohnMayer : Quand j'étais petit, je voulais devenir le Popeye incarné par Robin Williams. #RIPRobinWilliams. Comme il a été utile à l'humanité ! C'est une perte immense pour des millions de personnes (et pour moi). Quelle tristesse !

Goldie Hawn@goldiehawn : Oh ! Robin… Tu nous brises le cœur. Repose en paix, mon cher ami. On t'aime.

Sesame Street@sesamestreet : Nous pleurons la disparition de notre ami Robin Williams, qui nous a toujours fait rire et sourire.

Cher@cher : Oh ! Robin. C'était vraiment un amour. Toujours à fond, l'esprit vif, il était comme ça. Je sais bien… Tu vas nous manquer. Quelle tristesse !

Jessica Chastain@jes_chastain : Robin Williams a changé ma vie. C'était un grand acteur, et quelqu'un de très charitable. Grâce à une bourse d'études qu'il a lui-même financée, j'ai pu obtenir mon diplôme. Sa générosité me poussera toujours à soutenir les autres comme il m'a soutenue. Il nous manquera éternellement.

– 1 –

QUELQU'UN QU'ON AIMAIT

« *Il faudrait peut-être que je regarde* Madame Doubtfire.
Ou Le Cercle des poètes disparus. *Ou* Will Hunting.
Et que je devienne un peu plus aimable,
maintenant que je sais à quel point nous sommes éphémères,
même quand, pétillants d'une folie absolument divine,
nous avons l'impression d'être immortels. »

« *Plus jamais notre tristesse ne sera troublée*
par la divine folie de Robin Williams… »

RUSSELL BRAND, *The Guardian*, août 2014

Le 11 août 2014, l'émoi fut général. Robin Williams, comédien de génie, comique accompli et acteur oscarisé, avait été retrouvé mort chez lui à Tiburon, dans les environs de San Francisco. Il n'avait que 63 ans. Que s'était-il passé ? Crise cardiaque ? Accident vasculaire cérébral ? Depuis quelque temps, ses apparitions publiques s'étaient faites plutôt rares, et personne hormis ses proches n'aurait pu croire qu'il n'allait pas bien.

Toutefois, on ne tarda pas à comprendre la gravité de la situation. Car il ne s'agissait pas d'un « dramatique accident » ; il semblait que le comédien, aussi talentueux qu'écorché, s'était donné la mort. Le bureau du shérif du comté de Marin se fendit d'un communiqué : « Nous soupçonnons un suicide par asphyxie. » En d'autres termes, Williams se serait pendu. Tout le monde fut atterré, car en plus d'être un acteur populaire, Robin Williams était très aimé. Plusieurs générations avaient grandi devant ses films ; et dans sa vie privée, il était aussi connu comme quelqu'un de serviable et de généreux. Certes, tout le monde avait entendu parler de son passé et de ses différents combats contre la drogue et l'alcool, mais malgré un passage récent en cure de désintoxication, on le croyait enfin libéré de ses démons. Il semble à présent que ce n'ait pas été le cas.

Par la suite, de nouveaux détails firent surface. On avait appelé les urgences à 11 h 55, heure locale sur la côte Ouest des États-Unis, et signalé qu'un homme avait « perdu connaissance chez lui et ne respirait plus ». Sa mort fut constatée à 12 h 02.

Voici l'intégralité du communiqué :

« Le 11 août 2014, à environ 11 h 55, le central des urgences du comté de Marin a reçu un appel signalant qu'un adulte de sexe masculin avait perdu connaissance et ne respirait plus. Il se trouvait chez lui, dans sa résidence de Tiburon, en Californie. Le bureau du shérif ainsi que les pompiers de Tiburon et les services de secours du district de South Marin ont dépêché du personnel qui est arrivé sur les lieux à midi. La personne déclarée morte à 12 h 02 a été identifiée comme étant Robin McLaurin Williams, un homme de 63 ans résidant à Tiburon, Californie.

« Les services d'investigation et de médecine légale du bureau du shérif enquêtent actuellement sur les causes et les circonstances du décès. D'après de premières informations, tout semble indiquer que M. Williams ait été vu vivant pour la dernière fois chez lui, où il résidait avec son épouse, le 10 août 2014 aux environs de 22 heures. Son corps a été découvert ce matin peu de temps avant l'appel aux urgences du comté de Marin. Pour l'heure, les services de médecine légale du bureau du shérif estiment que le décès serait dû à un suicide par asphyxie, mais il faudra attendre qu'une enquête plus approfondie soit menée avant d'en tirer des conclusions définitives. Une expertise médico-légale aura lieu le 12 août 2014 et sera suivie d'une analyse toxicologique. »

Le monde entier était sous le choc, mais naturellement plus encore les proches de Williams. « Ce matin, j'ai perdu mon mari et mon meilleur ami, et le public, l'un de ses artistes préférés, ainsi qu'un être humain merveilleux, déclara Susan Schneider, son épouse. Je suis dévastée. Au nom de la famille de Robin, nous vous demandons de respecter notre intimité durant notre deuil. Nous espérons que vous ne vous focaliserez pas sur sa mort, mais que vous vous souviendrez plutôt de tous ces moments de joie et les éclats de rire qu'il a procurés à des millions de personnes. »

Il devint rapidement évident que Robin n'était pas en bonne santé. « Il tentait de se remettre d'une grave dépression, annonça Mara Buxbaum, son attachée de presse. C'est une perte aussi soudaine que tragique. » Il semblerait que son dernier passage en cure de désintoxication ait masqué des problèmes plus importants qu'on ne le croyait à l'époque.

Zelda, la fille de Robin, âgée de 25 ans, lui rendit un hommage très touchant : « Mon père était, et sera à jamais l'une des personnes les plus gentilles, les plus généreuses et les plus délicates qui soient. Si je n'ai plus beaucoup de certitudes aujourd'hui, je sais néanmoins que ce n'est pas seulement mon petit univers, mais le monde entier qui est désormais un peu plus sombre, plus terne et moins joyeux en son absence. Il va nous falloir redoubler d'efforts pour combler ce vide. »

Ses deux frères s'exprimèrent dans les mêmes termes. Zack, l'aîné, déclara : « Hier, j'ai perdu mon père, mon meilleur ami, et l'horizon s'est assombri. Je penserai à lui tous les jours. Je souhaiterais que ceux qui l'aimaient se souviennent de lui comme de quelqu'un de doux, de gentil et de généreux. Efforcez-vous d'apporter de la joie partout où vous le pourrez, comme il a tenté de le faire tout au long de sa vie. »

Cody, 23 ans, ajouta : « Aucun mot n'est suffisamment fort pour décrire l'amour et le respect que j'avais pour mon père. Sans lui, la vie ne sera plus jamais la même. Il va me manquer. Je penserai à lui partout où me mèneront mes pas, et ce pour le restant de mes jours. J'attends avec impatience le moment où je pourrai le retrouver. »

Le comédien David Steinberg a été son manager pendant trente-cinq ans. « Personne ne faisait rire les gens comme Robin Williams, raconta-t-il. Mon frère, mon ami, mon âme sœur, tu vas me manquer. »

Les hommages ne tardèrent pas à pleuvoir. « Robin Williams était un animateur radio, un médecin, un génie, une nounou, un président, un professeur, un Peter Pan, et tant d'autres choses encore, déclara le président américain Barack Obama. Mais c'était quelqu'un d'unique. On l'a découvert sous les traits d'un extraterrestre, et il a fini par toucher en nous tout ce qui nous constitue. Il nous a fait rire. Il nous a fait pleurer. Il a offert son talent librement et généreusement à ceux qui en avaient le plus besoin, de nos troupes à l'étranger jusqu'aux marginaux qui vivent dans nos rues. Nous présentons nos condoléances à sa famille, à ses amis et à tous ceux qui ont trouvé leur voie grâce à lui. »

John Kerry, le ministre des Affaires étrangères américain, salua son « extraordinaire entrain ». « Robin n'était pas seulement un génie à l'imagination féconde, mais aussi un citoyen attentionné et impliqué, poursuivit-il. Je lui serai à tout jamais reconnaissant pour son amitié et son soutien pour les causes que nous défendions tous deux ardemment. »

« Robin Williams était un monstre sacré de la comédie, et même si nous ne l'avons côtoyé que durant une saison, nous avons découvert quelqu'un de chaleureux, de drôle et de très professionnel », déclara le porte-parole de la 20th Century Fox Television, qui a produit la série télévisée *The Crazy Ones*, dans laquelle Robin tenait le premier rôle. « Les comédiens et les membres de l'équipe technique l'aimaient et adoraient travailler avec lui. Nos sincères condoléances à ses proches et à ses amis. Il était unique. »

David E. Kelley, le créateur de la série : « Son talent était légendaire, mais sa gentillesse et son humanité nous ont tout autant marqués, si ce n'est davantage. Nous avons tous été touchés par sa bonté. C'était quelqu'un d'exceptionnel, et notre chagrin est immense. »

Sarah Michelle Gellar partageait l'affiche avec lui. « Depuis que je connais Robin Williams, ma vie a changé, raconta-t-elle au magazine *People.* Pour mes enfants, il était "oncle Robin", pour ceux avec qui il travaillait, c'était le meilleur patron qu'ils aient jamais eu, et pour moi, ce fut non seulement une grande source d'inspiration, mais aussi le père dont j'avais toujours rêvé. Il n'existe pas suffisamment de qualificatifs pour que ceux qui ont eu le plaisir de le découvrir puissent le décrire. Il me manquera tous les jours, mais je sais que son souvenir perdurera. Je remercie ses proches de nous avoir permis de le connaître et de lui avoir donné une telle joie de vivre. Nous, les "Crazy Ones", on t'aime. »

La chaîne CBS, qui a diffusé la série, s'est confiée dans un communiqué : « Nous avons perdu un génie de la comédie, un acteur surdoué et quelqu'un de bien. Nous nous souviendrons de Robin Williams comme de l'un des plus grands talents de son époque, aimé de tous, mais aussi comme d'un personnage humain et attentionné qui traitait ses partenaires de travail avec beaucoup d'affection et de respect. Nos sincères condoléances à ses proches et à ses amis. »

L'un des derniers projets de Robin Williams fut *La Nuit au musée : le secret des pharaons*, troisième volet de la trilogie à succès produite par la 20th Century Fox et dont la sortie en salles est prévue en décembre 2014. « Il n'y a pas de mots pour décrire le sentiment que nous éprouvons face à la disparition de Robin Williams, déclara le studio dans un communiqué. Il avait un immense talent, c'était un membre privilégié de notre communauté et de la famille de la Fox. Nous adressons toutes nos pensées à ses proches, ses amis et ses admirateurs. Il nous manquera énormément. »

Robin a remporté de nombreux prix, dont deux SAG[2] Awards. Ken Howard, président de SAG-AFTRA, déclara : « Je suis profondément attristé par la mort de Robin Williams. C'était un acteur tout à fait polyvalent, dans le domaine de la comédie ou dans celui de la tragédie, qu'il s'agisse d'un rôle très écrit ou d'une improvisation. Par son style incomparable, il pouvait aussi bien émouvoir un public d'adultes lors d'un *one man show* que faire rire les enfants en contrefaisant la voix du génie d'*Aladdin*. Ce n'était pas son métier, mais il n'hésitait pas à user de ses talents pour récolter des fonds en faveur d'œuvres caritatives. C'était un homme talentueux, mais aussi très humain. C'est une perte terrible. »

Williams a également participé à un nombre incroyable d'émissions spéciales à la télévision, y compris sur HBO. « Durant de nombreuses années, déclara la chaîne, Robin Williams nous a fait l'honneur de mettre son talent incomparable au service de nos téléspectateurs. Il a toujours été au sommet

2. SAG : Screen Actors Guild, le syndicat des acteurs de télévision.

de son art, sans jamais manquer de générosité et de bonté. Toujours humble et prévenant, Robin était un prince, et il tient une place toute particulière dans nos cœurs. »

Un lieu lui fut consacré dans le parc de Boston, près du banc rendu célèbre par *Will Hunting*. Un admirateur de toujours, Nicholas Rabchenuk, s'y rendit avec son amie. « Nous sommes allés au jardin de Boston, expliqua-t-il au *Hollywood Reporter*, et j'ai été surpris de constater qu'il n'y avait rien. » Pour y remédier, ils y déposèrent des fleurs et écrivirent à la craie sur le banc des répliques du film : « Désolé, les gars, je suis allé voir une fille », et « À toi de jouer, chef ! » À leur retour, quatre fans y étaient déjà assis…

Minnie Driver, partenaire de Robin dans *Will Hunting*, a souhaité partager ses souvenirs dans le même journal. « J'ai regardé Matt Damon et Robin tourner leur magnifique scène sur le banc du parc. Ce jour-là, à la pause déjeuner, on s'est assis dans l'herbe pour manger nos sandwichs. Robin a commencé à faire rire les comédiens et l'équipe du tournage. Puis, soudain, des employés de bureau, profitant comme nous du soleil, se sont joints à notre humeur joyeuse. Alors il s'est levé, et, de sa voix merveilleuse, s'est adressé aux badauds qui avaient fait le détour pour profiter de son spectacle improvisé. À la fin du repas, nous devions être deux cents à l'écouter et à rire ! Je me souviens seulement de son large sourire lorsqu'il m'a tapé sur l'épaule et m'a dit : "Ah, ce que ça fait du bien !" Je l'aimais, et il me manquera beaucoup. »

Les hommages affluèrent d'un peu partout. Sur le fronton de la Laugh Factory, sur Sunset Boulevard à Los Angeles, était inscrit « Robin Williams, repose en paix et fais rire Dieu ! » La série télé *Mork & Mindy*, qui l'avait rendu célèbre, avait été tournée à Boulder, dans le Colorado : des admirateurs s'y donnèrent rendez-vous pour lui rendre hommage. L'éclairage fut déconnecté pendant toute une minute sur Great White Way, respectant la vieille tradition selon laquelle Broadway célébrait ses morts.

Quant à Sally Field, qui partageait l'affiche avec lui dans *Madame Doubtfire*, elle confia à *Entertainment Tonight* : « Je suis aussi stupéfiée qu'attristée par la disparition de Robin. Je suis triste pour le milieu de la comédie, et encore plus pour ses proches. Il ne manquait jamais une occasion de faire rire autour de lui, c'était quelqu'un d'unique, il n'y en aura jamais d'autre. Je t'en prie, Seigneur, fais qu'il repose en paix. »

Il avait tourné avec Nathan Lane, dans le remake de *La Cage aux folles*. « Chez Robin, ce qui m'a le plus marqué, plus même que son génie comique, son talent extraordinaire ou son intelligence hors norme, c'est son grand cœur. Sa gentillesse incroyable, sa générosité et sa compassion envers ses partenaires, ses collègues et ceux qui étaient dans le besoin. »

L'acteur Alan Alda compara sa vivacité d'esprit aux chutes du Niagara. « J'espère que ça nous donnera à tous envie de faire quelque chose », écrivit-il sur le site webtime.com. « Alors qu'une partie de la planète est sous le coup d'une immense tristesse, puissions-nous pallier la perte de cet artiste que nous aimions tant par l'envie de lutter contre les ravages du désespoir. »

Le comédien Chevy Chase savait ce que Williams traversait. « Robin et moi étions bons amis, nous souffrions l'un et l'autre de dépression, ce mal méconnu, affirma-t-il. Jamais je n'aurais pensé qu'il mettrait fin à ses jours, je n'arrive pas à le croire. Je me sens dévasté. »

Naturellement, Ben Stiller, qui jouait avec Williams dans *La Nuit au musée*, le connaissait bien. « Comment concentrer le grand cœur, l'âme et le talent de Robin Williams en un tweet, écrivit-il. Je suis très triste. #RobinWilliams. J'ai fait sa connaissance quand j'avais 13 ans, j'étais déjà l'un de ses grands fans. Il s'est montré adorable avec moi, comme avec tous ses admirateurs. Il était tout aussi généreux envers les autres acteurs, et en dépit de son génie, donnait à chacun l'impression d'être unique, mais aussi son égal. Il avait un si grand cœur qu'il donnait tout ce qu'il avait, même à des gens qu'il ne connaissait pas. Dans son travail, nous le ressentions tous, il avait une influence très positive sur les autres et faisait le bien autour de lui. Il faisait rire tout le monde. Sachant que les autres membres de la famille Stiller – Jerry, Anne et Amy – ne sont pas très Twitter, ce message vaut en leur nom, car Robin était aussi leur grand ami. »

Mira Sorvino, qui a rencontré Williams sur le tournage de *Final Cut* en 2004, fut terriblement bouleversée : « Je n'arrive pas à croire que Robin Williams ne soit plus. Quel homme c'était ! Quel comédien de génie ! Il était de mes amis, et j'en garde d'excellents souvenirs. Robin était adorable, si généreux et ô combien brillant, capable d'improviser des diatribes époustouflantes sur n'importe quel thème. C'était quelqu'un de bien, et jamais rien de tel n'aurait dû se produire. Je suis anéantie et adresse toutes mes condoléances à ses proches. »

John Travolta, qui partageait l'affiche avec lui dans *Les deux font la père* (2009), a témoigné : « Je n'ai jamais connu personne d'aussi adorable et attentionné que Robin. Aucun autre artiste ne nous a jamais mis de meilleure humeur et ne nous a rendus plus heureux. Il aimait tout le monde et on le lui rendait bien. »

L'hommage des proches du regretté Christopher Reeve a été extrêmement touchant. Williams et lui étaient d'excellents amis depuis l'époque de leurs études à la fameuse Juilliard School de New York, au point qu'on les prenait parfois pour des frères. Après l'accident de cheval dont Reeve sortit paralysé,

Robin passa beaucoup de temps avec son vieil ami, jusqu'à sa mort en 2004. On pense d'ailleurs que cette disparition fut à l'origine de sa rechute au début des années 2000. « Notre père n'a recommencé à rire de bon cœur que lorsque Robin lui a rendu visite à l'hôpital, a déclaré la famille de Christopher Reeve dans un communiqué à *People*. Il nous a avoué plus tard que son vieil ami l'avait aidé à comprendre que, d'une certaine façon, cela se passerait bien. »

Au comté de Marin, tout le monde était si bouleversé et saturé d'images par les médias que, contre ses habitudes, le lieutenant du shérif, Keith Boyd, décida de tenir une conférence de presse pour relater les derniers instants de l'acteur. Celui-ci avait été retrouvé pendu. Sa femme Susan s'était couchée vers 22 h 30. Quand elle quitta la maison le lendemain matin vers 10 h 30, Robin avait passé la nuit dans une autre chambre, et elle était persuadée qu'il dormait encore. Sandy Kleinman, une voisine, la vit qui promenait son chien.

C'est Mara Buxbaum, l'attachée de presse de Williams, qui découvrit le corps : comme personne ne répondait à ses coups répétés, elle entra dans la chambre aux environs de midi moins le quart. Naturellement, il était déjà trop tard. « La personne qui a appelé les secours était bouleversée, mais a aussitôt signalé qu'il s'agissait sans doute d'un suicide par pendaison et que la rigidité cadavérique s'était déjà installée », expliqua Boyd. Personne n'évoqua la présence d'une lettre d'adieux.

Très vite, certains détails permirent de comprendre que Robin n'allait pas très bien depuis plusieurs mois. Constamment fatigué, il avait perdu l'appétit et vivait plus ou moins reclus Il lui arrivait de dormir jusqu'à dix-huit heures par jour et se plaignait. « Les fenêtres de sa chambre étaient pourvues d'épais rideaux, car il ne voulait pas laisser entrer la lumière », fit savoir une source anonyme à RadarOnline.com. Après sa mort, on ressortit des photos de sa dernière apparition publique, à la Bay Area Art Gallery. Il y apparaissait très amaigri et les traits tirés, la perte d'appétit étant sans doute un symptôme de sa dépression. Mais sinon, rien n'indiquait clairement que sa vie était en danger. L'artiste Mark Jaeger, professeur de céramique à la Marin Catholic High School de Kentfield qui exposait à la galerie ce soir-là, raconta même qu'il lui avait paru de bonne humeur. Ils avaient tous deux discuté de leurs projets. Mais la maigreur de Williams était déjà un signe de mal être. Après coup, Jaeger, en avait été bouleversé.

Ils s'étaient connus par l'entremise de Susan, la femme de Robin, qui organisait des expositions au 142, Throckmorton Theatre, et Williams avait fait montre d'un grand enthousiasme pour son travail, allant jusqu'à acquérir une énorme tête en argile issue de sa collection *Superhero*. Ils avaient beaucoup discuté. « Nous avions envisagé de porter ce concept de superhéros au cinéma, expliqua Jaeger au *Marin Independent Journal.* Ce thème de personnes sans domicile fixe qui écument la ville la nuit pour faire le bien autour d'elles et soigner des gens dans le besoin. Je lui ai dit que j'étais très emballé. Que j'adorerais qu'on puisse en faire un film, mais ne savais pas comment m'y prendre. Il m'a répondu : "Oh, contente-toi de prendre quelques notes sur un bout de papier. Ne t'inquiète pas, je m'occupe du reste. Je te présenterai les bonnes personnes et je t'aiderai tout au long du processus." C'était quelqu'un de très généreux. Il faisait toujours preuve d'une grande humilité. Je ne suis personne, mais il me donnait l'impression que mon travail était important. »

D'autres avancèrent que Williams n'était plus du tout lui-même. « La dernière fois que j'ai vu Robin, c'était un week-end, raconta à *Mail Online* un voisin préférant rester dans l'anonymat. Nous nous sommes croisés dans la rue, nous avons pris des nouvelles l'un de l'autre. Très maigre, les traits tirés, il ne ressemblait plus du tout au Robin qui avait emménagé dans ce quartier voici plusieurs années. Il n'était plus que l'ombre de lui-même, épuisé et d'humeur maussade – même si, attention, il restait le type bien que j'avais connu. Il semblait préoccupé, plus calme et terre à terre, ce n'était plus le personnage excessif que l'on pouvait voir dans ses films. Il était à l'écoute, souvent silencieux et discret. La dernière fois que je l'ai vu, il m'a paru très tourmenté. »

D'autres encore arguèrent que Robin était nettement plus calme dans la vie qu'à l'écran, qu'il adorait promener ses chiens pour se retrouver seul et réfléchir. Commençaient à se dessiner les contours d'un homme complexe et perturbé.

Comment avait-il pu changer à ce point ? Quelle est la cause de ce dénouement tragique ? Des gens de plus en plus nombreux étaient au courant de ses combats contre l'alcool, les drogues et la dépression, mais, à la grande surprise de certains, il semblait également connaître de sérieux problèmes financiers. D'une certaine manière, c'était presque inconcevable : Robin était l'un des plus grands acteurs de Hollywood depuis des années, et on avait même estimé sa fortune à 75 millions de livres sterling. Mais il avait dû faire face à deux divorces très coûteux, et, s'il demeurait toujours aussi célèbre, on lui proposait moins de grands rôles. Cela faisait deux ans que son ranch de près de 250 hectares à Napa Valley était à vendre – malgré des exigences revues à la baisse, passant de 21 millions à 17,8 millions de livres. Cette fois-là, il avait avoué à des amis qu'il ne pouvait plus se le permettre.

Et ses ennuis financiers, en effet, semblaient assez graves. « Il ne parlait plus que de ses problèmes d'argent. Au sommet de sa gloire, il s'était montré très généreux avec ses amis et sa famille et avait aidé tous ceux qui en avaient eu besoin, expliqua un ami de la famille à *Radar Online*. Il était frustré de devoir accepter des rôles, pour la télévision ou le cinéma, qui ne lui plaisaient pas. »

On prétendit qu'il était tellement à court d'argent qu'il avait même commencé à se séparer de sa collection de vélos – il en avait une cinquantaine.

Avec le recul, d'autres signes indiquaient que tout n'était pas rose. Ses deux divorces lui auraient coûté 20 millions de livres, et Williams évoqua même l'idée de refaire une tournée de spectacles, de télévision, ou des films à petits budgets. « Ces films sont bien, mais souvent ils ne sortent même pas en salle, expliqua-t-il au magazine *Parade* en 2013. Il y a des factures à payer. La pension alimentaire, qu'on devrait rebaptiser "racket alimentaire"… on vous anéantit en s'en prenant à votre porte-monnaie. » Ses propos, bien que légers, dissimulaient un fond de vérité.

À sa mort, Williams ne vivait même plus dans son ranch. Il résidait dans une petite maison de Tiburon qu'il avait héritée de sa mère, Laurie, décédée en 2001. Il parlait de « réduire son train de vie » ; l'argent était devenu source de préoccupation.

Toutefois, « toute allusion à des ennuis financiers serait purement fallacieuse, écrivit Mara Buxbaum dans un e-mail destiné à *NBC News*. Je comprends que l'on puisse chercher à découvrir la vérité, mais concentrez-vous plutôt sur son altruisme et essayez de saisir la nature de sa dépression ». D'autres soutenaient de la même manière que l'acteur avait plusieurs projets en chantier et que l'argent n'était pas pour lui un sujet d'inquiétude. *Forbes* estimait d'ailleurs que sa fortune s'élevait encore à 50 millions de dollars : ce n'était peut-être plus autant que par le passé, mais il était loin d'être sur la paille !

Mais un nouvel élément se fit jour dans un domaine totalement différent : il ressentait depuis quelque temps les premiers symptômes d'une pathologie grave. Cela faisait peut-être plusieurs années qu'il en était frappé, mais on n'avait diagnostiqué sa maladie de Parkinson que récemment. Cela aurait-il pu le faire basculer ?

Les avis sont partagés, mais sa veuve, Susan Schneider, crut bon de rédiger un communiqué à propos du mal que son regretté mari avait préféré éviter de rendre public, et souhaita également insister sur le fait qu'il n'avait pas replongé dans l'alcool :

« Robin a passé sa vie à aider les autres. Qu'il ait tenté de distraire des millions de personnes sur scène, au cinéma ou à la télévision, nos soldats sur le front ou un enfant malade, il voulait nous faire rire et nous rendre heureux. Depuis sa disparition, nous qui l'aimions avons trouvé du réconfort dans la formidable démonstration d'affection et d'admiration de la part de millions de personnes. À l'exception de ses trois enfants, son plus bel héritage est sans conteste la joie et le bonheur qu'il a donné aux autres, particulièrement à ceux qui menaient des combats personnels difficiles.

« Robin n'avait pas replongé dans ses vieux démons, il se battait courageusement contre la dépression, les crises d'angoisse et la maladie de Parkinson, qu'il n'était pas encore prêt à étaler sur la place publique. »

Il s'agissait là d'un communiqué courageux, Susan étant évidemment en plein deuil. Toutefois, elle ne parvint pas à empêcher les spéculations d'aller bon train. Williams était un passionné de cyclisme, et ce sport l'avait aidé à combattre ses dépendances. Tony Tom, patron d'un magasin de vélos à San Francisco, partenaire d'entraînement et ami, s'était même demandé si le comédien craignait que sa maladie ne l'empêche de faire du vélo. Quant à l'acteur et producteur Michael J. Fox, lui-même atteint de la maladie de Parkinson, il tweeta qu'il était « stupéfait » d'apprendre que Robin Williams avait lui aussi été diagnostiqué. Il était « certain » que le soutien que Williams avait apporté à sa fondation était antérieur à la découverte de sa maladie.

Lorsque la nouvelle éclata au grand jour, on émit une autre hypothèse : pouvait-on accuser le traitement de Williams de l'avoir fait basculer ? C'était en tout cas l'avis de certains, et notamment de l'acteur

Rob Schneider, avec qui Robin avait été ami pendant plus de vingt ans, depuis qu'ils avaient participé à l'émission *Saturday Night Live*. Il tweeta d'ailleurs : « Maintenant qu'il est possible d'en parler, #RobinWilliams suivait un traitement contre les symptômes de la maladie de Parkinson. Ce remède a pour effet indésirable, parmi d'autres, de donner des idées de suicide. »

Ses proches refusèrent de croire à cette éventualité, malgré la déclaration d'une source anonyme au magazine *Forbes* : « Robin venait de subir une cure de désintoxication. Il suivait un traitement contre les crises d'angoisse et la dépression et, parallèlement, venait d'en entamer un autre contre les premiers symptômes de la maladie de Parkinson. Les idées suicidaires figurent dans la liste des effets indésirables de plusieurs de ces médicaments. Nombre de ses amis sont convaincus que ce cocktail a, dans une certaine mesure, contribué à la détérioration rapide de son état mental. Robin a toujours souffert de dépression et de dépendance, mais le diagnostic et le traitement de sa maladie de Parkinson étaient récents, de même que l'association de ces différents remèdes. »

Williams était en effet de nature dépressive, mais la découverte de sa maladie avait aggravé la situation. Sans parler du fait que la dépression est souvent considérée comme l'un de ses premiers symptômes. La nouvelle fut à ce point reprise par les médias que la National Parkinson Foundation (NPF) se sentit obligée de rédiger un communiqué :

« Nous avons tous été anéantis par la mort de Robin Williams, et attristés d'avoir appris qu'il était atteint de la maladie de Parkinson. Si le diagnostic de toute maladie grave peut se révéler accablant, il n'est pas rare que la Parkinson et la dépression aillent de pair. D'après une étude récente commandée par la NPF, plus de la moitié des personnes atteintes sont dans un état dépressif qui affecte bien plus la qualité de vie des patients que les troubles moteurs provoqués par cette maladie. La NPF recommande d'ailleurs un dépistage annuel de la dépression, afin de pouvoir traiter la Parkinson dès ses premiers symptômes, [et] encourage ceux qui en sont frappés à consulter un neurologue. »

Cette polémique se poursuivit. Susan, accablée de chagrin, quitta le domicile conjugal et le quartier où ils avaient vécu, et leurs enfants n'en furent que plus attristés.

Sur Twitter, Zelda cita *Le Petit Prince,* d'Antoine de Saint-Exupéry : « "Toi, tu auras des étoiles comme personne n'en a… Quand tu regarderas le ciel la nuit, puisque j'habiterai dans l'une d'elles, puisque je rirai dans l'une d'elles, alors ce sera pour toi, comme si riaient toutes les étoiles. Tu auras, toi, des étoiles qui savent rire !" Je t'aime. Tu me manques. Je vais continuer de regarder là-haut. Z. »

Les funérailles eurent lieu quelques jours après sa mort, un office épiscopalien, religion dans laquelle Williams avait été élevé, à la Monte's Chapel of the Hills, un funérarium de San Anselmo, en Californie. Après une célébration privée, on dispersa les cendres de Robin dans la baie de San Francisco – pourquoi pas, étant donné qu'il avait vécu dans cette région depuis son adolescence. Tandis que son entourage s'efforçait de trouver une explication à sa soudaine disparition, on pensa de plus en plus qu'il avait pris sa décision sur un coup de tête, hypothèse corroborée par une proche connaissance, qui prétendit qu'ils avaient évoqué des projets à venir quelques jours auparavant. Il était « très investi dans notre conversation », expliqua la source à *TMZ*, et ne semblait nullement songer à partir. Mais cela dit, on oubliait aussi que Williams avait eu une enfance difficile qui l'avait marqué à vie. S'il avait interprété si magnifiquement tous ces personnages brisés, sans doute était-ce parce qu'il s'était identifié à eux. Et dès lors, peut-être ne se sentait-il plus capable de résister au désespoir qui s'était manifesté régulièrement tout au long de son existence ?

Un profond sentiment de tristesse s'installa. Robin Williams avait peut-être ses défauts, mais c'était quelqu'un d'honnête, de bon et d'attentionné, et si sa mort prématurée toucha ses fans, elle toucha aussi ceux qu'il avait jusque-là laissés plus ou moins indifférents. Qui donc était-il ? Comment était-il parvenu à exercer un tel impact sur autant de monde ?

« La mort, c'est la façon qu'a la nature de nous dire : "Votre table est prête." »
ROBIN WILLIAMS

– 2 –

L'ENFANT SOLITAIRE

« La comédie est souvent une façon cathartique de gérer un traumatisme. »

ROBIN WILLIAMS

Chicago, dans l'Illinois. Au cœur de l'été 1951, le 21 juillet précisément, dans la Windy City, Laura McLaurin, ancien mannequin de Jackson dans le Mississippi et son mari, Robert Fitzgerald Williams, cadre à la Ford Motor Company, devinrent les heureux parents du petit Robin McLaurin Williams. Il avait déjà deux demi-frères, Robert Todd Williams (futur viticulteur qui se fit connaître sous le surnom de Toad, « le Crapaud »), issu du premier mariage de son père, et McLaurin Smith-Williams, du précédent mariage de sa mère. Mais, au fond, même s'il s'est toujours bien entendu avec eux, Robin grandit comme un enfant unique. Tout comme les deux autres, d'ailleurs. « Todd, Robin et moi avons tous les trois été élevés comme des enfants uniques. En effet, après le divorce de ma mère, ce sont ses parents qui m'ont élevé. Et Todd, lui, vivait avec sa mère. On s'entend tous à merveille. Todd n'a aucun lien de parenté avec moi, mais nous sommes très proches l'un de l'autre », expliqua McLaurin, professeur de mathématiques, au *Chicago Tribune* en 1991.

Même s'il allait développer une personnalité plutôt anarchique, Williams était issu d'une lignée tout à fait respectable : Anselm J. McLaurin, l'arrière-grand-père de sa mère, avait été sénateur, puis gouverneur du Mississippi ; quant à son père, il descendait d'une des familles les plus importantes et fortunées d'Evansville, dans l'Indiana. Le père de Robert, qui portait le même prénom, était originaire du Kentucky. Il fut d'abord chef de bureau puis, à partir de 1902, secrétaire, trésorier et enfin directeur général de l'Indiana Tie Company. « Il a contribué au succès de l'entreprise, servant parfaitement les intérêts de la société et gérant ses relations commerciales afin d'obtenir les meilleurs résultats possible », nous dit *L'Histoire de la ville d'Evansville et du comté de Vanderburgh, Indiana*. Bon nombre de Williams sont enterrés au cimetière d'Evansville, ce qui créa l'émulation quand l'information fut révélée par les fans de la localité.

Mais ce n'était pas tout. Robin avait aussi des ancêtres anglais, gallois, irlandais, écossais, allemands et français. Sans doute est-ce là l'origine de son don pour imiter les accents. Sa famille ne manquait de rien. Bien que Robin grandît dans un confort privilégié, il fut tout de même éduqué à la dure. Son père avait déjà 46 ans à sa naissance. Il était sévère et n'avait pas beaucoup de temps à accorder à son jeune fils. Sa mère aspirait à devenir mannequin et était de toutes les œuvres caritatives. Elle était souvent absente aussi, et déjà très jeune, Robin souffrit de blessures qui ne se refermeraient jamais. Avec le temps, elles se transformeraient même en traumatisme et en source d'angoisse pour le restant de ses jours.

Robin passa son enfance à Lake Forest, une banlieue huppée au nord de Chicago. À l'époque, il n'avait encore rien de l'humoriste extraverti qu'il allait devenir. Sa famille vivait dans une vaste demeure, mais il passait la plupart de son temps libre à s'amuser seul avec ses jouets. Nul besoin d'avoir un diplôme en psychiatrie pour comprendre que le jeune Robin cherchait vainement à attirer l'attention de ses parents. Ce qui allait devenir la quête de toute une vie.

Timide, dodu, mélancolique et réservé, c'était également un enfant nerveux qui avait peur du noir, et par ailleurs de son père. C'est peut-être un poncif de souligner que de nombreux individus sont devenus comédiens pour combattre leur mal-être, mais l'enfance de Williams est l'exemple type de ce qui peut pousser quelqu'un à dissimuler ses souffrances en se tournant vers l'alcool, la drogue et la comédie. Enfant, il n'avait pas souvent l'occasion de rire. « Je collectionnais les soldats de plomb. J'en avais des milliers, confia-t-il. On apprend à s'inventer des jeux et on lit beaucoup. Ce n'était pas vraiment amusant, mais plus tard, une fois comédien, ça m'a aidé à élargir mon jeu et à avoir de l'imagination. »

Il avait néanmoins quelques amis, et l'un d'eux se rappelle de son importante collection de jouets, 2 000 en tout ! « Moi, je n'avais que de simples soldats en plastique vert olive, mais Robin avait une multitude de soldats de plomb anglais peints à la main, raconta au *Chicago Tribune* Jeff Hodgen, qui avait fait la connaissance de Robin Williams au CM2, à la Gorton Elementary School de Lake Forest. Au premier abord, il avait l'air froid, mais c'était uniquement parce qu'il était nouveau dans l'école. Je me souviens d'un jour où nous avons touché une voiture de flics au cours d'une bataille de boules de neige. Nous nous sommes enfuis. Et pendant les mois qui ont suivi, chaque fois que le téléphone sonnait chez l'un ou l'autre, nous étions terrifiés à l'idée que ce soit la police. » Il ajouta que Williams n'était pas du tout le clown de sa classe, mais plutôt un garçon sérieux et introverti.

Malgré la proximité de Chicago, il faisait cependant bon vivre à Lake Forest, situé au bord du lac Michigan.

Les résidents de cette petite ville pouvaient s'y baigner lors des étés caniculaires et faire du patin à glace en hiver. Les grandes demeures, dans de vastes propriétés, avaient souvent été l'œuvre de célèbres architectes du XXe siècle, comme David Adler et Frank Lloyd Wright. Les enfants adoraient jouer dans leur immense jardin, et on aurait pu s'attendre à les voir faire du vélo sur les larges trottoirs de la ville. Mais aucune bicyclette ne venait troubler la tranquillité de la municipalité. Il n'y avait pas de pauvreté à Lake Forest, et personne ne se préoccupait des minorités ethniques, la ville étant en grande partie peuplée de Blancs.

Après Gorton, Robin entra en sixième à la Deep Path Junior High School. Mais lorsqu'il entra en cinquième, à l'âge de 12 ans environ, ses parents décidèrent de déménager à Detroit. Hodgen en fut étonné, mais finit par l'accepter : « Il me manquait, mais je venais d'intégrer l'équipe de football américain, alors je m'en suis vite remis. »

La famille s'installa dans une vaste bâtisse de trente pièces, à Bloomfield Hills, à l'angle de Woodward Avenue et Long Lake Road. Plus tard, Robin raconta au *Detroit Free Press* qu'il en avait gardé un excellent souvenir : « C'était une maison magnifique, gigantesque, avec un portail, un garage pour au moins vingt-cinq voitures, des granges, et il y avait un vieux jardinier anglais formidable, M. Williams. Mais nous n'en étions pas propriétaires. Ensuite, nous sommes retournés à Chicago, et lorsque nous sommes revenus à Detroit, quelques années plus tard, nous avons emménagé dans un appartement. C'était très différent, voyez-vous. Mais la première maison était vraiment fantastique, très paisible. Nous n'avions pas de voisin à des kilomètres à la ronde. Il n'y avait que ce parcours de golf géant où de vieux snobs allaient frapper dans la balle. »

De fait, Robin enjolivait la réalité, délibérément ou non, car la situation était bien moins idyllique. Au milieu de sa collection de jouets, il pouvait profiter de tout un étage au grenier, mais cela ne l'enchantait guère. C'était une existence bien solitaire pour un petit garçon qui, contraint de jouer tout seul, commença à s'inventer des histoires et des personnages. À ce stade de sa vie, personne ne pouvait imaginer qu'il deviendrait un comédien de génie. Ses proches ne voyaient en lui qu'un garçonnet déraciné en manque d'affection. « Quand j'étais enfant, mes seuls amis étaient imaginaires », avoua-t-il un jour.

La religion tenait une place importante dans son quotidien. Même s'il fut élevé selon les principes de l'Église épiscopale, sa mère était une adepte de la Science chrétienne[3]. Pendant un temps, il joua un rôle très actif au sein de sa paroisse – ce qui allait constituer

3. Religion fondée sur les enseignements de la Bible découverts en 1866 par Mary Baker Eddy, et qui n'a rien à voir avec la Scientologie.

l'une de ses multiples sources d'inspiration, en particulier dans *Permis de mariage*, en 2007. « Bien que protestant, j'ai été enfant de chœur. Il m'a suffi de me remémorer cette époque où je m'intéressais à la religion, et de me souvenir de ceux qui avaient quelque chose à offrir et donnaient d'excellents conseils, expliqua-t-il à *Canmag*, lors de la sortie du film. Je me suis rappelé ces gens de l'Église épiscopale parmi lesquels j'avais grandi, qui prétendaient que le purgatoire n'existait pas et qu'il fallait s'en remettre à eux. Ce sont les premiers dont je me suis inspiré. Ensuite, j'ai imaginé quelqu'un de très investi, autant qu'on puisse l'être quand on n'est pas prêtre. »

Robin était inscrit à la Country Day School de Detroit, une école privée où, s'il eut des bonnes notes, il vécut tout de même des moments difficiles. On raconte qu'il s'inspira de l'un de ses enseignants pour interpréter John Keating, dans *Le Cercle des poètes disparus*. « J'adorais l'école, peut-être même un peu trop », prétendit-il en enjolivant la réalité, lors d'une interview au *Washington Post* à la sortie de *Jack* (1996), un film sur un garçon qui vieillit quatre fois plus vite que les autres. « J'ai obtenu les félicitations du jury au bac. J'étais très motivé. Je ne peux pas dire que c'était facile à vivre. Je me suis démené pour trouver ma place. C'était une école privée de garçons, et j'ai joué au foot. Puis j'ai intégré l'équipe de catch. M. Touche-à-tout, vous connaissez ? Mais je crois que ce qui m'a décidé à interpréter Jack, c'est cette période d'innocence avant tout ça, quand on fait du vélo, quand on se construit une cabane dans les arbres avec des copains, toutes ces choses qui vous tirent de l'enfance. À 10 ans, on est encore un gamin, et ce moment, juste avant la puberté qui frappe à 11 ou 12 ans, quand on habite dans des coins où les conditions de vie sont différentes, est tout simplement incroyable. Les garçons sont très vulnérables à cet âge-là. Ils ne sont pas doués pour dissimuler leurs sentiments. On peut lire en eux comme dans un livre ouvert. »

Le jeune Robin a peut-être adoré l'école – ou du moins a-t-il fini par s'en persuader –, mais il a dû y gérer un certain nombre de problèmes, car certains de ces garçons témoignèrent de la malveillance à son égard. Dans une autre interview, en 1991, dans l'*Oklahoman*, cette fois, il décrit son enfance de manière nettement moins enjouée : « Je n'étais pas très exubérant. J'ai passé trois ans dans une école de garçons. Elle ressemblait à celle du *Cercle des poètes disparus*. Avec l'uniforme, la devise en latin… On m'a beaucoup malmené. Non seulement d'un point de vue physique, mais aussi intellectuel. Je me suis endurci, mais aussi replié sur moi-même. J'avais une certaine réticence à l'idée d'affronter les autres. Grâce à la comédie, j'ai trouvé le moyen de combler ce fossé… »

En somme, on le tyrannisait. Les garçons se moquaient de lui parce que, disaient-ils, Robin était petit, gros et « s'exprimait bien ». Il était également dyslexique, ce qui signifiait qu'il avait du mal à suivre les cours, et il est fort probable qu'il ait souffert d'un trouble du déficit de l'attention, aucun de ces maux n'étant encore reconnu à l'époque. Au début, il chercha de nouveaux chemins pour rentrer chez lui, mais en vain. Robin n'étant pas en mesure de se défendre physiquement et ne pouvant échapper à ses « camarades », il tenta une technique de diversion, il essaya de les faire rire. « Je me suis mis à raconter des blagues pour éviter de me prendre des raclées », avoua-t-il un jour. Encore une illustration parfaite de la mélancolie, dissimulée derrière le sourire de tant de comédiens. Utiliser la plaisanterie pour échapper à la violence ? Depuis le début, Williams savait sans aucun doute que son talent était à double tranchant.

Il ne souhaitait pas seulement impressionner ces brutes, il désirait s'intégrer à l'école. Mais chez lui, il continuait à se languir de l'attention de ses parents, et tout particulièrement de celle de sa mère. Il fit donc appel à la même technique qu'à l'école : il se mit à raconter des histoires drôles. « Je commence tout juste à prendre conscience que ce n'était pas toujours amusant, reconnut-il dans une interview pour *Esquire Magazine*. J'ai passé une enfance relativement solitaire. Calme. Pour l'essentiel, j'ai été élevé par notre bonne, et ma mère s'est occupée de moi plus tard. Elle était merveilleuse, charmante et pleine d'esprit. Mais il est probable que la comédie ait été pour moi un moyen d'entrer en contact avec elle : "Je vais faire rire maman, et tout ira mieux." C'est là que tout a commencé. » En fait, la première personne qu'il imita fut sa grand-mère. Des débuts qui allaient le marquer.

Ainsi se déroula sa vie de petit garçon, soucieux d'éviter qu'on le malmène à l'école et recherchant l'attention de ses parents. Mettant sans cesse au point de nouvelles stratégies d'adaptation, il découvrit qu'il était indéniablement doué pour faire rire. Mais cela ne fonctionna pas toujours comme il l'aurait souhaité : même si les bonnes qui s'occupaient de lui l'adoraient, elles ne remplaçaient pas sa mère. Adulte, il a reconnu avoir souffert de la peur de l'abandon, d'être victime d'un grave manque d'affection. Alors que le monde entier allait lui manger dans la main, il était encore un garçonnet esseulé et timide – ce qu'il est, au fond, resté tout au long de son existence. Comme chacun sait, « tout l'argent et le succès du monde ne compenseront jamais une enfance malheureuse ».

L'engouement religieux de sa mère ne fit rien pour arranger les choses, même si, sans surprise, il en fit un sujet de dérision. On se moquait de lui, parce que sa « mère était une adepte de la science de Christian Dior. On s'en prenait à moi non seulement physiquement, mais aussi intellectuellement, on n'hésitait pas à me jeter des livres de George Sand à la figure ». Courageuse tentative de dissimuler ses souffrances passées, alors que la tristesse s'entendait dans ses paroles.

Quand Robin eut 16 ans, il connut de nouveaux bouleversements. De plus en plus déçu par l'industrie automobile, son père, Robert, décida de prendre sa retraite plus tôt que prévu, et la famille déménagea une nouvelle fois : à Woodacre, en Californie, dans le comté de Marin, une région où Robin allait s'établir jusqu'à la fin de ses jours. On l'inscrivit à la Redwood High School, un lycée de Larkspur. Contrairement à l'établissement précédent, il ne s'agissait pas d'une école privée, ce qui lui ouvrit d'autres horizons. Il se mit à acheter des chemises hawaïennes (ces dernières restèrent sa marque de fabrique pendant un certain temps) et apprit à conduire une Land Rover… La vie s'ouvrait à lui.

« Je suis arrivé en Californie en 1969, raconta-t-il à l'*Oklahoman*. J'allais dans un lycée moderne, où l'un de mes professeurs a pris du LSD un jour ! En entrant dans la classe, on l'a entendu chuchoter : "Je suis Lincoln." » L'établissement correspondait parfaitement à la personnalité de Robin : le passage de la solennité du Midwest à la Californie, juste après le *Summer of Love*[4], fut pour lui une révélation. À l'époque, il était tellement doué pour faire rire qu'il

4. L'été 1967, début de la contre-culture hippie à San Francisco.

commençait sérieusement à envisager une carrière dans les arts du spectacle.

Ce changement de décor est sans aucun doute ce qui lui a permis de se construire. Le Midwest semblait encore dominé par l'état d'esprit des pionniers – cela ne faisait après tout qu'une centaine d'années que des hommes avaient risqué leur vie pour conquérir ce territoire. Aucun rapport avec la décontraction de la Californie, et en particulier de San Francisco. Vers la fin de sa vie, Williams aimait vivre sur la côte Ouest car, disait-il, il avait l'impression que personne ne faisait attention à lui. Naturellement, c'était sans doute dû en partie au fait qu'il y résidait depuis longtemps et que la population s'était habituée à sa présence, mais cela laissait également entendre qu'il y avait tant d'originaux dans les parages qu'il se fondait parfaitement dans la masse.

C'était également vrai pour son lycée, où régnait une ambiance détendue. Les brutes avaient disparu, et il put enfin s'amuser librement. Et même s'il ne s'agissait pas d'un établissement privé, c'était néanmoins un endroit propice aux études, où un grand nombre d'élèves n'allaient pas tarder à se faire connaître : le comédien et auteur Greg Behrendt, l'acteur David Dukes ; Éric Schmitt, le journaliste du *New York Times* qui allait remporter le prix Pulitzer, et Andy Luckey, producteur de la version télévisée des *Tortues Ninja*. Il en sortit également quelques futurs universitaires, dont Gunnar Carlsson, devenu depuis professeur de mathématiques à l'université Stanford, et Don Francis, épidémiologiste réputé, grand nom de la recherche sur le sida.

Dès que Williams découvrit sa nouvelle ville, il eut une impression de choc. « J'avais 16 ans, expliqua-t-il en 2007 au magazine *American Way*. Mes parents et moi avions traversé tout le pays. Au moment de franchir le Golden Gate Bridge, la brume s'est abattue sur le pont. Je n'avais jamais vu de brouillard de ma vie. S'agissait-il de gaz toxique ? Non. La façon dont il recouvrait les collines du comté de Marin et se déversait sur la baie, c'était très impressionnant. Mais c'était magnifique de voir le pont dans ces conditions. À Detroit, il n'y avait rien d'aussi imposant. Ce qui m'a tout autant frappé, c'est qu'il puisse y avoir toute cette nature si près de la ville. Le parc national du mont Tamalpais longe toute la côte... c'est extraordinaire. »

Ce changement radical fut le bienvenu, et ce nouvel environnement lui donna l'occasion de mûrir, de devenir ce qu'il voulait être, de s'intéresser au sport, au théâtre, mais aussi d'être plus détendu, plus libre. Son père également avait retrouvé un certain équilibre. Il était à la retraite désormais, et pouvait enfin se laisser aller. Cela dit, Williams n'a jamais été très expansif à propos de son père, sauf pour raconter qu'il s'en était pris à lui parce qu'il avait acheté une voiture japonaise, plutôt qu'une américaine. Tout compte fait, s'est-il jamais vraiment détendu ?

Sa mère, Laurie, remarqua le changement chez son fils. « Robin était un enfant très timide, expliqua-t-elle au *Chicago Tribune*. Son père était sévère, et je crois que le fait d'avoir quitté la Country Day School de Detroit, où les garçons portaient tous de belles chemises blanches, et d'avoir emménagé dans le comté de Marin, a été un tournant dans sa vie. Il a commencé à faire venir chez nous des amis un peu étranges. Je ne crois pas qu'ils auraient été attirés par lui s'il n'avait lui-même été un peu étrange. Plus tard, quand il a fait de l'improvisation avec le Committee (une troupe de comédiens), ça lui a énormément plu. Il était très doué pour improviser à partir d'une simple phrase. »

Elle avait certainement conscience du talent de son fils, même si elle n'a jamais vraiment compris qu'il faisait tout ça en grande partie pour l'impressionner. En fin de compte, le garçon solitaire qui imitait sa grand-mère pour faire rire sa mère se métamorphosa en une star internationale, et elle en fut très fière. « J'ai l'impression que Robin est né pour nous faire rire, poursuivit-elle. Voyez-vous, à l'école d'art dramatique de Yale, on m'a dit qu'ils donnaient en exemple Robin et Steve Martin pour illustrer le bouffon du roi. Il faut que celui-ci soit brillant, bien informé et capable de faire rire le suzerain sans se faire décapiter. C'est tout à fait Robin, ça. »

C'était le cas, en effet. Il s'est moqué toute sa carrière durant de la pompe des puissants, et s'en est toujours tiré. N'oublions pas que Williams, en plus d'être extrêmement doué, avait un charme incroyable. Même au comble de l'hystérie corrosive, on n'avait jamais le sentiment qu'il allait blesser qui que ce soit. En définitive, la seule personne à laquelle il semblait vouloir faire du mal était lui-même.

Beaucoup plus heureux que dans ses jeunes années, Robin se moquait cependant de sa vaste demeure. « Nous habitions à Tiburon, dans une petite maison, raconta-t-il au magazine *American Way*. Il y a un excellent restaurant dans cette ville, le Sam's Anchor Cafe, qui existe toujours. C'est un restaurant de fruits de mer que mon père adorait, parce qu'on pouvait s'asseoir en terrasse quand il faisait beau. On y mange des fruits de mer et des hamburgers à l'ancienne, et mon père adorait les hamburgers. »

Mais curieusement, dans la relation que Robin entretenait avec sa mère, l'humour semblait toujours avoir un lien avec son enfance. Même si le reste du monde le connaissait en tant qu'adulte, quand il était avec sa mère, Robin se comportait comme s'il était encore un petit garçon.

« Il est très doué pour les imitations, vous savez, continua-t-elle. Il sait très bien faire l'enfant. Un jour, alors que je me préparais à partir, j'ai entendu une petite voix m'appeler : "Bonjour, je m'appelle Candy. Ma maman n'est pas à la maison. Je peux venir jouer avec toi ?" Et ça m'agace, il est encore capable de me berner. Il a aussi la clé de chez moi, et il m'est arrivé d'appeler à la maison pour une raison ou pour une autre. Un jour, il m'a répondu au téléphone avec la voix de ma femme de ménage, pour m'annoncer que Mme Williams avait déménagé. »

Robin ne s'est jamais débarrassé de ses problèmes d'enfance, ni de cette obsession de vouloir « faire rire sa mère », même s'il est sans aucun doute parvenu à capter son attention depuis. Mais au lycée, il commença à s'épanouir. Il reprit le sport – pendant un temps, il envisagea ainsi de devenir professionnel, tant c'était un excellent coureur. D'ailleurs dans l'un de ses one-man shows, il lui arriva de comparer le fameux moment d'extase des coureurs aux effets de la drogue ! Puis il intégra le club de théâtre. L'esprit toujours aussi vif, il n'était plus obligé de se montrer plus malin que les brutes, mais ne pouvait s'empêcher d'amuser les autres élèves. Quant au théâtre, il prétendit vers la fin de sa vie qu'il avait pris ces cours uniquement pour pouvoir coucher avec des filles. Par ailleurs, il déclara un jour à Michael Parkinson, le présentateur de télévision britannique, qu'il avait décidé de devenir acteur après avoir vu *Docteur Folamour*. En effet, la vedette de ce film, Peter Sellers, avait la même capacité d'imitation et une semblable propension à se transformer en de nombreux personnages différents. Williams a également été influencé par *2001, l'Odyssée de l'espace*, que ses parents l'avaient emmené voir au cinéma.

Ce n'était cependant pas foncièrement un sportif. Après sa mort, on demanda à l'un de ses anciens camarades de classe s'il était vrai qu'il criait tous les matins : *Good morning, Redwood High*[5] *!* La réponse fut franche : « Jamais de la vie, allons. Personne ne fait ce genre de choses. Ce type était vraiment coincé, il portait des nœuds papillons et ne disait pas un mot. Je ne l'ai jamais aimé. » Ce n'était pas le cas de tout le monde, car il avait aussi de nombreux amis, et allait en rencontrer d'autres qui resteraient ses amis jusqu'à la fin de ses jours. William Drew fit la connaissance de Robin à la Redwood High School en 1967. « Un jour, Rob et moi faisions un tour de piste en marchant pour nous étirer après l'entraînement, raconta-t-il à la BBC peu de temps après la mort de l'artiste. En passant devant les lanceurs de poids, trois armoires à glace, il s'est brusquement arrêté, puis s'est approché d'eux. Il a soulevé un poids et… hé bien, vous imaginez bien le genre de réflexion iconoclaste qu'il a pu faire ! C'était pareil au club de théâtre. Aucun scénario, aucun texte n'était sacré. Deux mots résument

5. « Bonjour, Redwood High ! »

bien Robin, “passion” et “compassion”. Quoi qu’il entreprenne, c’était quelqu’un de déterminé et de passionné. Et comme il l’a montré à la fin de sa vie, il avait beaucoup de compassion envers les autres. »

Mais il était temps de passer à autre chose, de commencer à réfléchir à l’avenir et de décider d’une voie à suivre. Même s’il se révéla, à la fin de son adolescence, exceptionnellement vif d’esprit et très doué pour faire rire, s’agissait-il de sa véritable personnalité ? Avait-il réellement l’étoffe d’un comédien ? Ce n’était pas encore très clair, ses camarades de classe avaient du mal à le cerner. Allait-il accepter de s’exposer devant un véritable public ? Le jour de la remise des diplômes, ses amis étudiants l’élurent à la fois garçon « le plus drôle », et celui qui avait « le moins de chance de réussir dans la vie ». Dans ce dernier cas, l’avenir leur donna tort.

« On voudrait nous faire croire que Jésus n’était pas juif. Bien sûr, qu’il était juif ! Un type de 30 ans, célibataire, qui vit chez ses parents, allons… Il travaille pour son père, sa mère le considère comme un don de Dieu… Arrêtez, il est juif ! »

ROBIN WILLIAMS

– 3 –

Robin et la Juilliard School

« Je suis un artiste-né. Chaque fois que la lumière s'allume quand j'ouvre la porte du frigo, je me mets à chanter. »

Robin Williams

Si Robin Williams était un comédien-né, il ne s'en était pas encore rendu compte. À tel point qu'en 1969, il s'inscrivit au Men's College de Claremont, en Californie, pour y étudier les sciences politiques. Mais il n'était pas fait pour ça, et cela ne dura qu'un semestre : selon certains, il aurait abandonné après s'être rendu compte qu'il avait pris la mauvaise décision. D'autres sources ajoutent du piquant à l'histoire… en fait, il se serait fait exclure après avoir eu un accident de voiture de golf dans le réfectoire. Il avait en tout cas certainement fait du théâtre pendant ce semestre-là, et on l'incitait de plus en plus à suivre cette voie. Quelle que soit la vérité, il ne fit pas long feu dans cette université.

Son père n'en fut guère ravi, et lui conseilla d'ailleurs d'apprendre un métier « concret » – la soudure. Robin se rendit à un premier cours, mais son professeur ne se montra guère encourageant : « Ça peut te rendre aveugle », le prévint-il. Ce ne fut pas la période la plus heureuse de sa vie…

À vrai dire, pour tous ceux qui étaient un tant soit peu attentifs, il devenait évident que Robin n'était pas simplement talentueux, il était exceptionnel. Dès cette époque, avant même d'avoir commencé sa carrière, il faisait montre d'une acuité d'esprit, d'une faculté à improviser et d'un don pour la comédie extraordinaires. Toutes ces qualités commençaient à percer.

Le Men's College de Claremont et la politique ne lui correspondant pas, il lui fallut reconsidérer la situation, et vite. Il s'inscrivit donc à la faculté du comté de Marin, à Kentfield, où il allait étudier le théâtre pendant trois ans. C'était un collège communautaire où les étudiants ne passaient pas d'examens à proprement parler, mais suivaient les unités qu'ils voulaient afin d'obtenir un niveau compris entre celui du lycée et de l'université. Il pouvait enfin laisser libre cours à son côté anarchique. Ses camarades de fac se souviennent de lui se promenant avec un short vert et un bonnet de bain sur la tête, empruntant des démarches bizarres. (C'était à l'époque où les Monty Python passaient à la télévision britannique et où la majeure partie des aspirants comédiens les imitaient.)

D'après James Dunn, son professeur de théâtre, il se démarqua d'emblée des autres. Et au fil des ans, son talent pour l'improvisation le distingua réellement. « J'ai compris qu'il était vraiment doué, le jour où il a interprété Fagin, dans la comédie musicale *Oliver !*, se rappela Dunn dans les colonnes du *Marin Independent Journal*, peu après l'annonce du décès de Williams. Nous avions des problèmes d'éclairage, et à minuit, nous n'avions filé que la moitié de la pièce. Le public commençait à s'impatienter. À un moment donné, Robin s'est mis à parler à un bâton qu'il tenait à la main, et ce bâton lui a répondu. Ça a détendu l'atmosphère, et les spectateurs riaient aux larmes. Je me rappelle avoir appelé ma femme à 2 heures du matin pour lui dire que ce jeune homme allait devenir quelqu'un. » Le rôle de Fagin n'est pas le seul dans lequel il s'est fait remarquer : ses amis se souviennent aussi de Malvolio, dans *La Nuit des rois*, de Shakespeare.

Dès ses débuts, Robin rêvait de devenir acteur. Cela dit, il n'hésita pas à s'inspirer des monologues célèbres pour ses propres improvisations. Il fit rire aux éclats ses camarades, et en dépit des remarques de Dunn au sujet de son ancien élève, beaucoup eurent le sentiment que Robin avait mis la patience de son professeur à rude épreuve. Toutefois, ce dernier sembla apprécier l'énergie hors du commun de son étudiant, notamment à ses débuts. Dunn organisait chaque année une soirée caritative afin de récolter des fonds, à laquelle il faisait participer ses étudiants. Chaque fois, vers 2 ou 3 heures du matin, Robin montait sur scène et se lançait dans une représentation.

De fait, chaque fois qu'il était en public, on ne pouvait plus l'arrêter. Il avait une petite Volkswagen Coccinelle dans laquelle il se rendait au restaurant où il travaillait pour financer ses études, *The Trident*, sur les quais de Sausalito. Même là-bas, il était devenu une attraction ! Jonglant avec les assiettes, les verres et tout ce qui lui tombait sous la main, transformant les repas en spectacles improvisés. C'était la première fois que l'on voyait cela dans le comté de Marin. Mais quand il n'était pas sur les planches, c'était un autre homme. Après sa mort, ils furent nombreux à confirmer que lorsqu'il descendait de scène, Robin était différent. Ce n'était plus le clown. L'un de ses amis affirma même que Robin « broyait du noir ».

Mais cela ne l'empêcha nullement de perfectionner son jeu. Quand il n'allait pas en cours et ne travaillait pas comme serveur, Williams faisait la tournée des cafés-théâtres de la région, à commencer par le *Holy City Zoo* de San Francisco, où il gravit les échelons un à un, y entrant comme barman avant de monter sur scène. Ce club devait son nom à son premier patron, Robert Steger, qui avait fait l'acquisition d'un panneau lors de la liquidation judiciaire du zoo de Holy City. (Selon certains, Williams « se servait du club comme d'un lieu de répétition ».) Situé à Richmond, dans la baie de San Francisco, c'était un établissement minuscule de soixante-dix-huit places qui avait été, au départ, un club de musique folk. La direction commença toutefois à proposer tous les dimanches des soirées de « scène libre » pour les comédiens. Celles-ci devinrent alors si demandées que le patron décida d'étendre le concept aux autres jours de la semaine.

C'est grâce à ces scènes libres que Robin put affûter son art, dans un environnement accueillant, au milieu de gens qu'il connaissait. Bien qu'il ait fait des études théâtrales, ce fut dans ce café-théâtre, et dans d'autres salles de San Francisco qu'il apprit vraiment son métier. Lorsqu'il fut célèbre, il retourna régulièrement au Holy City Zoo, même s'il devait toujours se retenir pour laisser d'autres artistes monter sur scène avant lui. (Il aurait de tout façon été très difficile de passer après…)

Le Holy City Zoo ferma une première fois en 1984, mais rouvrit ses portes un peu plus tard. « Je suis très triste, déclara Robin. Nous y avons passé des moments merveilleux, et étranges aussi. Ce n'était pas un refuge, c'était plutôt une réserve de gibier. »

Quand l'établissement ferma pour de bon, en 1993, Robin fut aussi abattu que ses anciens camarades : c'était « comme si quelqu'un débranchait votre vieille tante à l'hôpital. C'est déprimant. Le Zoo, c'est de là qu'on vient… ».

C'est dans cet endroit que le comédien Steve Pearl vit jouer Williams : « C'était une tornade qui s'abattait sur scène, raconta-t-il au *New Yorker*. Il m'a à la fois inspiré et fichu une peur bleue. »

Williams fit également quelques apparitions au Boarding House et à l'Old Spaghetti Factory. Le premier était un autre haut lieu de la comédie : Steve Martin y avait enregistré ses trois premiers albums, et des légendes de la musique, comme Dolly Parton et Talking Heads s'y étaient illustrées. Le Old Spaghetti Factory, une ancienne fabrique de pâtes, était un restaurant qui proposait des attractions. S'y produisirent des noms extrêmement connus, dont les pionniers de la *Beat Generation* Jack Kerouac et Allen Ginsberg, ainsi que Ken Kesey, l'auteur de *Vol au-dessus d'un nid de coucou*. Cette scène était incroyablement vivante, et Williams en était l'un des acteurs principaux.

Rapidement, il fidélisa son public, qui cherchait à savoir où il jouait pour le voir ! Mais le jeune Robin n'en avait jamais assez, il débordait d'ambition et voulait suivre les cours d'une des meilleures écoles d'arts du spectacle.

Il était déjà évident qu'il irait loin, mais ce qu'il voulait, c'était jouer dans la cour des grands. Après trois années à Marin, il obtint en 1973 une bourse pour la Juilliard School de New York. Il faisait partie des quelque vingt étudiants à y avoir leur place cette année-là. En formation supérieure, John Houseman, qui fut l'un des premiers à remarquer le véritable potentiel de Robin, en accepta deux : Williams et Christopher Reeve, l'incarnation de Superman au cinéma, qui allait devenir l'un de ses meilleurs amis. « Il portait des tee-shirts bariolés sur un pantalon de survêtement et parlait à mille à l'heure, se rappela plus tard Reeve. Je n'ai jamais vu quelqu'un avec autant d'énergie. On aurait dit un ballon de baudruche que l'on venait de lâcher. Je le regardais avec effroi ricocher contre les murs de la classe ou dans les couloirs. Le moins que l'on puisse dire, c'est qu'il était complètement allumé. » Il y avait également dans la même classe l'acteur de théâtre et de cinéma William Hurt.

Cette école permit à Williams de faire un grand pas en avant. La Juilliard School, située au sein du centre culturel Lincoln Center for Performing Arts à New York, est l'une des écoles les plus prestigieuses au monde. Il est extrêmement difficile d'y entrer. On y enseigne la danse, le théâtre et la musique, et, lorsqu'on y décroche une place, on est assuré, dans la mesure du possible, de connaître un jour le succès dans l'univers du spectacle et du showbiz.

La Juilliard, même s'il s'agissait d'une école pour acteurs et non pour comédiens, permit à Robin de développer considérablement son talent pour la comédie. Bien qu'issu d'un milieu érudit, aisé et raffiné, il reçut de la Juilliard une nouvelle éducation et de nouvelles références. Il connaissait déjà Shakespeare, mais il en apprit là-bas bien davantage : il parvenait à débiter de longs monologues shakespeariens entrecoupés de discours sur des sujets totalement différents, tels que la drogue ou la culture pop. Le snobisme de certains à propos de sa carrière d'acteur grand public était déplacé, car Williams était extrêmement cultivé et armé d'une formation classique. Il avait simplement une énergie débordante qui pouvait frôler l'hystérie.

Williams avait attiré l'attention de l'acteur anglo-américain John Houseman. Originaire de Roumanie, ce dernier avait travaillé avec Orson Welles. En 1973, il avait été applaudi pour son interprétation du professeur Charles Kingsfield dans le film de James Bridges, *La Chasse aux diplômes*. Monstre sacré des arts du spectacle aussi bien au cinéma qu'au théâtre, Houseman était aussi fondateur et directeur de la section « Théâtre » de la Juilliard. Si Williams gardait de cette école un souvenir mitigé, son travail avec Houseman lui a sans aucun doute été des plus bénéfiques.

Pendant ses études à la Juilliard, Christopher Reeve et lui partageaient la même chambre. C'est là qu'ils nouèrent une amitié indéfectible, rompue seulement par la mort triste et prématurée de Christopher en 2004. Robin n'aurait pu dire plus de bien de son ami : « Il était si doué, et était si méticuleux qu'Oliver Sacks voulait lui faire passer un électro-encéphalogramme pour voir s'il avait vraiment les mêmes ondes cérébrales que ses patients. Sans rire ! révéla-t-il dans une interview pour *Reddit* parue en 2013. À la Juilliard, c'était un excellent ami. C'était lui qui me nourrissait au sens propre du terme, il partageait sa nourriture avec moi quand je n'avais pas de quoi me payer à manger ou que je n'avais pas encore reçu mon prêt étudiant. » Les deux jeunes gens se firent une promesse : le premier qui deviendrait célèbre aiderait l'autre. Finalement, tous deux acquirent la notoriété presque au même moment, mais conservèrent leurs liens, Williams continuant à jouer un rôle important dans l'existence de Reeve après son tragique accident de cheval. La rumeur voudrait qu'il ait soutenu financièrement sa famille – belle revanche sur tous ces repas partagés.

Parmi ses camarades de classe figuraient aussi Kelsey Grammer (de la sitcom *Cheers* et de la série *Frasier*) et l'actrice Diane Venora, qui fut nommée aux Golden Globes et remporta un New York Film Critics Award pour son rôle dans *Bird* (1988), de Clint Eastwood. « Nous étions dans la même classe pendant quatre ans, raconta Diane au *Los Angeles*

Times. C'était quelqu'un de brillant, de complexe et d'extrêmement sensible. Sa vulnérabilité et son humilité donnaient à son travail une puissance prodigieuse. Je l'aimais énormément. »

Christopher Reeve dit également beaucoup de bien du talent naissant de son ami : « Quand Robin et moi sommes entrés en troisième année, expliqua-t-il au *New York Magazine* en 1993, on nous mit dans des sections supérieures. Souvent, nous étions les deux seuls étudiants du cours. John Houseman ayant une idée précise de ce que devait être un acteur – au risque de succomber à une certaine uniformisation –, il n'était guère surprenant que les enseignants soient quelque peu désarçonnés par le jeune Robin. Un jour, il s'est lancé dans le monologue de la comédie britannique *Beyond the Fringe*, et il nous a tellement fait rire que nous en avions mal aux côtes. Ils lui ont rétorqué que c'était un sketch comique, pas du théâtre. »

Mais Robin était doué pour les « sketches comiques », et il ne cessa de s'améliorer. Robert M. Beseda, futur directeur adjoint de la section « Théâtre » de la North Carolina School of the Arts, était de la même génération. « Nous étions dans la même classe, confirma-t-il au *Time Warner Cable News*. Il avait un an de moins que moi. Je ne le connaissais pas bien, il n'était pas assez sérieux pour les étudiants dans mon genre, mais qu'est-ce qu'il était drôle ! Entouré de sa cour, il nous faisait tous rire aux éclats. Je me souviens notamment d'un atelier sur *Le Songe d'une nuit d'*été de Shakespeare. Il incarnait Thisbe, une actrice de la troupe amateur qui joue sa pièce dans le cinquième acte, et avait mis des pamplemousses sous sa robe en guise de poitrine. À un moment donné, ceux-ci se sont échappés, et il s'est mis à jongler avec. Ce fut l'un des meilleurs gags de l'histoire de la comédie. Jamais je ne l'oublierai. C'est une perte immense, dans ce monde qui a cruellement besoin de tout ce qu'il nous offrait ! »

À New York, la vie contrastait avec celle de San Francisco. La cité décontractée du Pacifique n'avait rien à voir avec la mégalopole grouillante où vivait désormais Williams, non loin de Broadway où il allait se produire plus tard. C'était la première fois qu'il profitait de son indépendance, même s'il partageait sa chambre avec Reeve. Et aussi la première fois qu'il pouvait mener sa vie comme il l'entendait, car il n'avait plus ses parents sur le dos. Mais ses vieux démons étaient toujours là.

Tout le monde était fasciné par son talent et par sa folie, mais personne ne savait ce que cela cachait, car il avait appris à se forger une carapace pour dissimuler ses souffrances, les canalisant et les reportant sur l'art.

Mais même l'enthousiasme que lui procuraient ses études à la Juilliard et la vie à New York ne purent venir à bout de ses faiblesses. Malheureusement, il ne tarda pas à chercher d'autres moyens de s'en défaire.

Pour gagner un peu d'argent, avec l'un de ses amis, il mit au point un petit spectacle de mime devant le Metropolitan Museum of Art. Ils gagnèrent jusqu'à 75 dollars en une journée, ce qui représentait une belle somme à l'époque.

Robin et Christopher eurent la chance d'avoir Édith Skinner pour enseignante. Personnalité éminente et professeur d'élocution, elle leur apprit à s'exprimer dans différents dialectes. Elle ne tarda pas à découvrir les talents presque innés de Robin. Les deux étudiants purent également bénéficier des cours de Michael Kahn, qui, même s'il éprouvait un certain mépris pour les capacités d'humoriste de Robin, se rallia à sa cause après avoir vu son interprétation dans *La Nuit de l'iguane*, la pièce de Tennessee Williams qui fut un grand succès.

Robin poursuivit ses études à la Juilliard pendant encore deux ans, puis quitta l'école sans avoir passé son diplôme. Là aussi, les récits diffèrent. Il y a quelques dizaines d'années, ils se montraient encore hésitants sur les raisons de son départ. D'après certaines versions, il aurait abandonné les cours de son plein gré. Mais dans le livre *Juilliard: A History*, l'auteur, Andrea Olmstead, affirme que c'est l'école qui lui aurait demandé de partir, même si elle s'abstient d'inclure ce fait dans la liste des « bourdes qui finiraient par mettre l'établissement dans l'embarras ». En effet, la Juilliard avait beaucoup parlé de son association avec Robin Williams, et quoi qu'ils aient pensé de lui à l'époque, ils étaient devenus très fiers d'avoir pu le compter parmi leurs étudiants. Lui-même n'aborda que rarement le sujet, confirmant en 2001 qu'il n'avait « aucun diplôme d'aucune école » (la Juilliard lui décerna cependant un diplôme *honoris causa*). Mais tout porterait à croire que l'établissement l'ait mésestimé, le considérant plus comme un humoriste qu'un acteur, se révélant incapable de déceler son potentiel.

Gerald Freedman, doyen émérite de la School of Drama à la North Carolina School of the Arts, au cœur de Winston-Salem, fut également l'un des professeurs de Williams. Dans une interview qu'il donna après la mort de ce dernier, il fournit quelques éclaircissements : « C'était un génie, quelqu'un qui sortait du lot…, expliqua-t-il à *Time Warner Cable News*. Je l'ai eu comme étudiant à Juilliard. Il ne correspondait pas vraiment à cette formation traditionnelle, mais nous étions conscients de son talent et il nous en fut reconnaissant. Cela n'étonna personne quand il quitta l'école. Je suis très attristé par sa disparition. Il avait tant à dire sur le monde dans lequel nous vivons. Il en a sans doute eu assez. Je ne sais pas… »

« Reconnaissant » ? Cela signifierait donc que le départ de Robin n'était pas totalement volontaire, mais dû à son incapacité à maîtriser son côté anarchique, sans parler du fait qu'il avait tendance à transformer tous ses rôles en performances humoristiques. Un jour, il reconnut lui-même que ses problèmes provenaient d'un profond manque d'affection.

Robert M. Beseda laissa lui aussi entendre que le tempérament de Williams ne correspondait pas aux études classiques. « C'était un grand imitateur, il était capable de singer à la perfection l'ensemble des enseignants, même si ça ne leur plaisait pas forcément », révéla-t-il au *News Piedmont*. Le plus ironique, c'est que les acteurs qui ont étudié à la Juilliard citent immanquablement Robin Williams comme l'un de leurs modèles, et l'une des raisons pour lesquelles ils ont voulu faire ce métier.

Depuis, Juilliard a avancé une troisième version, qui a cependant vu le jour très tardivement : c'est John Houseman en personne qui aurait suggéré à Williams de quitter l'établissement, au motif que l'école ne pouvait plus rien lui enseigner de plus, et qu'il valait mieux qu'il commence à se faire un nom tout de suite dans le milieu de la comédie. Cela sonne légèrement faux. La Juilliard est le genre d'institution où l'on est persuadé de toujours pouvoir enseigner de nouvelles choses. Mais curieusement, Williams demeura silencieux à ce sujet. Il ne ressentit visiblement jamais le besoin de fournir sa version de l'histoire, préférant en rester là.

James Marsters, interprète du rôle de Spike dans la série *Buffy contre les vampires,* qui a également quitté la Juilliard avant la fin de ses études, en donna une autre explication : « La plaisanterie, à propos de cette école, c'est que les seuls acteurs qui réussissent sont ceux qui s'en sont fait virer, fit-il remarquer à *Mediatainement Online* en 2001. Robin Williams, John Hurt… La liste est longue comme le bras. Juilliard propose des cours monolithiques, et quand on sort du lot, ils tentent de vous remettre dans le moule. Mon instinct, c'est tout ce que j'ai à offrir, et je ne permettrai à personne de m'en priver. Ah… ça me fait rire. Je ne voudrais pas trop descendre cette école, mais simplement dire que ce n'était pas du tout la formation qu'il me fallait, et que je m'en suis rendu compte rapidement. »

Ce n'était pas non plus la formation idéale pour Robin. Il ne nourrit manifestement aucune rancune pour son départ de la Juilliard, car des années plus tard, les établissements où il avait étudié ont tous tenu à associer leur nom au sien sans que cela ne pose aucun problème. Il est même entré en contact avec certains d'entre eux, notamment la faculté du comté de Marin, par l'entremise de James Dunn. Williams finança également l'inscription d'autres aspirants étudiants à la Juilliard. Jessica Chastain bénéficia de sa générosité. « Je suis la première de ma famille à faire des études supérieures, se vanta-t-elle dans les colonnes d'*Interview Magazine* en 2011. Nous n'avions pas beaucoup d'argent, et Juilliard est une école particulièrement chère. Robin Williams est un ancien élève très généreux : tous les deux ans, il offre une bourse à un étudiant, et cette année-là, c'était moi. Je n'ai pas encore eu l'occasion de le rencontrer. » C'est pourquoi elle a tenu à lui rendre hommage, comme beaucoup d'autres avec elle, à l'annonce de son décès.

Sa mort a provoqué un certain émoi dans les institutions, et auprès des individus qui l'avaient aidé avant son succès. Un grand nombre d'entre eux ont souhaité rendre hommage au maître disparu.

« Pour la première fois, il avait les yeux cernés et les traits tirés », révéla Dunn, qui continuait à voir Williams de temps à autre au *Mail Online*, à propos de leur dernière entrevue. « Aussi loin que je m'en souvienne, il avait toujours dégagé une sorte de charme malicieux, mais ce n'était plus le cas depuis quelque temps, même s'il avait toujours cette espèce d'aura. Il parvenait encore à capter l'attention des femmes, qui ne pouvaient que l'aimer. C'était un grand séducteur, un coureur de jupons, cela ne fait aucun doute[6]. »

---

6. Précisons que Dunn évoquait le passé, pas le troisième mariage de Robin avec Susan Schneider, qui fut extrêmement heureux.

« C'était quelqu'un de brillant, poursuivit-il. Et, même récemment, il paraissait toujours en forme en dépit de ses gros soucis de santé. Certains subissent leurs démons, mais ce n'était pas le cas de Robin. Je ne l'ai jamais considéré comme quelqu'un de négatif, bien qu'il soit bien connu que certains humoristes ont un côté obscur. C'est très difficile de rester drôle tout en pointant du doigt les absurdités de la vie. Plus jeune, il s'était beaucoup drogué. Ensuite, il s'est mis à l'alcool et a fait plusieurs cures de désintoxication. Avec le recul, on se dit : “Bon, il a profité de la vie.” Il était comme un papillon de nuit qui finit brûlé par la flamme. »

Précisons là aussi que tout le monde n'est pas du même avis. Nombreux sont ceux qui pensent que Robin Williams, au contraire avait un côté obscur. Il donnait souvent l'impression d'être triste, même dans ses moments les plus extravagants.

Naturellement, la Juilliard fut très affectée par sa disparition. Curieusement, Robin Williams fait partie de ses anciens élèves les plus célèbres. Sans doute considéré comme trop individualiste pour suivre une formation d'acteur, il devint pourtant l'un des meilleurs d'entre eux. L'école diffusa le communiqué suivant à la mort de Williams :

« L'ensemble du personnel de Juilliard est profondément attristé par la disparition de notre éminent ancien élève Robin Williams. Son génie pour l'improvisation comique, qui s'est rapidement manifesté durant ses études à Juilliard, était à la hauteur de l'idée qu'il se faisait de cet art et de la façon de toucher son public. Il soutenait généreusement des étudiants de l'école, grâce à la bourse Robin Williams qui tous les deux ans prenait en charge la scolarité d'un nouvel étudiant. En tant qu'artiste, il a enrichi le métier d'acteur d'un mélange unique de tradition et de créativité, repoussant les limites de l'interprétation aussi bien au cinéma qu'à la télévision ou au théâtre. Sa prévenance et son caractère bouillonnant manqueront à tous ceux qui ont été touchés par sa personnalité si particulière.

« Joseph W. Polisi, président de la Juilliard School. »

– 4 –

Le phénomène des années 1970

« Jouer la comédie, c'est interpréter l'optimisme. »
Robin Williams

Après son passage à Juilliard, Williams retourna en Californie, où il vécut jusqu'à la fin de ses jours. Quelles qu'aient été ses expériences passées – ses ambitions étaient plus fortes que jamais –, une chose était claire, c'était un comédien de génie déterminé à utiliser ses talents à bon escient. D'après lui, toutefois, c'était parce qu'il n'était pas bon comédien : « Quand j'ai quitté l'école, je n'ai trouvé aucun boulot d'acteur, alors je me suis mis à faire la tournée des clubs où il était possible de pratiquer le stand-up. J'ai toujours aimé l'improvisation, et le fait de se produire sur scène a été un grand soulagement. Tout à coup, il n'y a plus eu que le public et moi. » Qu'aurait-il pu faire de mieux ?

Bien sûr, Robin avait déjà une certaine expérience de la scène, mais le moment était venu d'entamer une véritable carrière. Après San Francisco, il était temps d'aller jouer dans la cour des grands, à Los Angeles.

La scène des cafés-théâtres de L.A., dans les années 1970, allait engendrer quelques-uns des plus grands talents de l'industrie américaine du divertissement. Son génie allait lui permettre d'être remarqué parmi tous ceux qui se sont fait connaître à la même époque : David Letterman, Andy Kaufman, Jay Leno, Richard Lewis, Sam Kinison, Elayne Boosler, Tom Dreesen et George Miller. Tous étaient dotés de talents exceptionnels. Mais Williams fit rapidement sensation et allait leur faire de l'ombre. « À l'époque, on avait l'impression de le voir partout, et où qu'il aille, c'était un sujet de discussion, se rappela Merrill Markoe. C'était un véritable cyclone. Dans son jeu, c'était à la fois le *ça*, le *moi* et le *surmoi.* »

On a beaucoup écrit sur le jeu scénique intense et presque hystérique de Robin, mais d'une certaine manière, il résiste à toute analyse. Ses spectacles allaient au-delà de l'énergie, au-delà de la frénésie. L'acteur semblait parfois se mettre en danger, non pas à cause des thèmes abordés, même s'ils étaient souvent périlleux, mais de ce qu'ils disaient de son état mental. Vincent Canby, critique de cinéma américain, originaire de Chicago lui aussi, déclara un jour que ses monologues étaient si intenses que son « processus de création pouvait basculer à tout moment dans la débâcle la plus complète ». Robin lui-même tenta de l'expliquer : si ses idées se bousculaient, c'était lié, disait-il, à tous les nouveaux événements survenant constamment dans le monde et auxquels il fallait réagir. Et comme les improvisations liées à l'actualité intéressaient énormément le public, c'était une véritable fuite en avant.

Williams cita certains acteurs qui l'avaient le plus inspiré : Jonathan Winters, Peter Sellers, Mike Nichols, Elaine May, Lenny Bruce… Si leur jeu lui plaisait, c'était non seulement parce qu'ils étaient drôles, mais aussi extrêmement intelligents. Ils étaient tous aussi cultivés que lui, même si aucun, pas même Sellers, de qui Robin se rapprochait le plus, n'avait cette même intensité.

Il admirait le travail de Jonathan Winters, l'humoriste d'improvisation qui participa à la série *Mork & Mindy*. Lui aussi était une boule d'énergie, très doué pour l'imitation. Les raisons pour lesquelles il l'appréciait résument parfaitement son propre travail : « Avec lui, tout est possible, tout est amusant… C'est lui qui m'a convaincu que j'étais libre, que je pouvais faire ce que je voulais », le cite l'auteur, chroniqueur et critique Gerald Nachman. C'était le cas, et, dans l'absolu, n'importe qui pouvait faire du stand-up… Mais le faire bien ? Pour cela, il fallait un talent très rare, et il devenait de plus en plus évident que Robin en avait à revendre.

Il adorait travailler avec Winters. « C'est toujours un plaisir, déclara-t-il en 2013, dans une interview à *Reddit*. Il me semble avoir dit aux Oscars que c'était comme danser avec Fred Astaire, mais c'est encore mieux que ça, car il peut jouer devant n'importe qui. Je me rappelle l'avoir vu une fois faire le chat pour un beagle. Et j'avais la même impression en regardant *The Tonight Show* avec mon père. Le fait de rire ensemble en regardant Jonathan nous a aidés à nous rapprocher. La réplique de Jonathan Winters que je préfère, c'est : "Vous est-il déjà arrivé de vous déshabiller devant un chien ?" »

Williams était aussi un très grand fan de Peter Sellers, et ce depuis qu'il l'avait entendu à la BBC, dans l'émission *The Goon Show*, dont le concept était révolutionnaire à l'époque. Lors d'une interview, il déclara au présentateur Michael Parkinson, à propos de la prestation de Sellers dans *Docteur Folamour* : « Ça n'aurait pas pu être mieux. » Peter Cook et Dudley Moore, des érudits aux avant-postes de l'explosion de la satire au début des années 1960, l'influencèrent tout autant. Ainsi que Richard Pryor, même si, à l'image de Robin, il succomba à l'alcool et à la drogue.

De fait, à l'exception probable de Nichols et de May, tous les artistes que Williams a cités comme sources d'inspiration n'étaient pas seulement drôles, mais c'étaient aussi des écorchés vifs. Winters a fait plusieurs dépressions et a passé un certain temps en hôpital psychiatrique. Peter Cook est devenu alcoolique. Dudley Moore s'est battu contre la dépression. Peter Sellers n'a jamais été aussi heureux que sur scène ; il a succombé à une crise cardiaque à seulement 54 ans. Lenny Bruce, toxicomane, est mort d'une overdose à 40 ans. Richard Pryor, qui est lui aussi décédé relativement jeune d'un infarctus (à 65 ans) en décembre 2005, avait des problèmes d'alcool et de drogue encore plus graves que ceux de Robin.

Ainsi, le fait d'entamer une carrière fut à la fois la meilleure et la pire chose qui pouvait lui arriver. Mais il faisait preuve d'une telle énergie et d'une telle exubérance qu'il lui fallait absolument trouver un exutoire, et quoi de mieux que de faire rire les autres ?

Il parlait de ses problèmes personnels, raconta-t-il à Michael Parkinson, parce que c'était « moins cher qu'une thérapie », une remarque peu pertinente, puisqu'il passa une partie de sa vie à consulter un psy. D'une certaine manière, c'était vrai. Si certains de ses soucis le faisaient pleurer en privé (Robin fondait plus facilement en larmes qu'on n'aurait pu l'imaginer, à époque), il semblait se réjouir de pouvoir faire rire avec sur scène.

En même temps, cela l'obligeait à mener une existence folle, peu susceptible d'apaiser un homme déjà fragile. Il menait une vie instable, ses spectacles se déroulaient le soir, et l'artiste, après avoir tout donné, terminait sur un temps fort. Que faire, ensuite ? Chercher un nouveau temps fort. Qui ne pouvait être qu'artificiel. Williams révéla plus tard qu'il n'avait jamais bu et ne s'était jamais drogué avant de monter sur scène, mais qu'il ne s'en était pas privé après ses spectacles, ce qui l'obligeait souvent à se produire avec la gueule de bois. Il ne donna qu'un seul spectacle sous cocaïne, et qui, raconta-t-il, l'avait rendu paranoïaque. En effet, ce n'était pas une association heureuse.

Puis il y eut les tournées durant lesquelles il prit conscience des autres talents en devenir, et se révéla incapable de résister aux tentations omniprésentes. « C'est violent, mon pote, le cite Gerald Nachman dans son excellent livre *Seriously Funny : The Rebel Comedians of the 1950s and 1960s.* On se consume. C'est épuisant. Sans parler de l'hygiène de vie : on fait la fête, on boit, on se drogue… Quand on est en tournée, c'est encore pire. On est au calme toute la journée, puis il faut tout à coup se donner à fond sur scène. On s'embrase, parce que ça va et ça vient. À un moment on est à fond, et puis c'est au tour de quelqu'un d'autre. On devient parfois très amer. Certains vont même jusqu'à tout laisser tomber.

Quelques-uns redeviennent à la mode et reviennent. Souvent, on craque. La pression est énorme. On devient obsédé, et on perd tout intérêt. »

Mais personne ne soutint que les problèmes de Robin étaient plus graves que ceux des autres. C'étaient les années 1970, après tout. Une bonne partie de ceux qui évoluaient dans ce milieu se droguaient. « Tous ceux qui ont grandi à cette époque ont connu ça », expliqua à Variety Chris Albrecht, PDG de la chaîne de télévision Starz, et ami proche de Williams. C'est certainement vrai, mais il avait aussi une tendance à la dépression, une personnalité sujette à la dépendance et une vulnérabilité qui n'était pas évidente, que ce soit sur scène ou en privé. Il avait un côté autodestructeur que la drogue n'avait sans doute pas arrangé.

« C'était différent tous les soirs », déclara James Dulworth, l'un des responsables actuels du Dangerfield's Comedy Night Club de Manhattan, à CBS News. Il avait été tourneur au Comedy Store quand Williams commençait à éclore. Il révéla que les improvisations de Robin étaient en fait un peu plus travaillées qu'elles n'y paraissaient : « Chaque soir, on aurait dit qu'il avait un système de fiches dans son esprit pour pouvoir faire face à n'importe quelle situation. Tout était préparé. La patronne du Comedy Store était Mitzi Shore, la mère de Pauly Shore, poursuivit-il. Je travaillais pour elle au début, et c'est elle qui a découvert Williams à San Francisco et l'a fait venir à Los Angeles. »

Ceux qui l'ont vu jouer à cette époque parlent de lui comme d'un génie hystérique. « Le public se tordait de rire », se rappela Mark Breslin, qui lui avait demandé de se représenter au club qu'il possédait alors à Toronto. Désormais à la tête de la chaîne des cafés-théâtres Yuk Yuk, il se confia à CBS News. « Il interprétait différents personnages, des accents, et faisait des jeux de mots. Le public était conquis. Il marchait sur les tables. Il était incroyable. »

Les thèmes qu'il abordait étaient infinis. Il pouvait citer Shakespeare en prenant la voix de Jack Nicholson ou de Marlon Brando, ce qui était une de ses spécialités. Il le reproduisit d'ailleurs à bon escient en 1989, dans le film *Le Cercle des poètes disparus*, tout comme il pouvait se plaquer la main sur l'entrejambe pour vérifier que « Monsieur Joyeux » était bien en place. Il se mettait alors à courir partout, faisant mine d'être Elmer Fudd chantant du rock, avant d'improviser sur l'actualité politique. Impossible de s'ennuyer ou de savoir ce qu'il allait nous réserver ensuite. « La réalité ! Quel concept ! » lui arriva-t-il de se plaindre. Mais il était parfois difficile de savoir avec précision quelle prise il avait réellement sur la réalité.

Il proposait un mélange de comédie et de satire, s'efforçant de rester toujours drôle et extrêmement ancré dans l'actualité. Était-ce épuisant ? Williams allait continuer à faire du stand-up à la télévision, délaissant la scène pour divertir un autre public, mais il y avait forcément un revers de la médaille à sa passion et à son énergie. Sur scène, objet d'adoration, il se délectait du plaisir de voir son public rire aux éclats, mais en coulisses, il avait l'impression que la descente était trop brutale. Il était sans doute inévitable que ses spectacles lui laissent un vide qu'il fallait combler. Et l'on pouvait imaginer comment il allait remédier à ce problème…

Car, même à l'époque, il était évident qu'il était victime d'un mal-être. Il se mit à boire et à se droguer sérieusement, et les plus perspicaces voyaient bien que cela pourrait mal finir. « Je n'oublierai jamais à quel point c'était quelqu'un de sensible, déclara Dulworth. On sentait bien qu'il allait sombrer dans la dépression. Ce n'était sans doute pas facile pour lui. Il ne pouvait plus apparaître quelque part sans devoir se montrer jovial et débordant d'énergie. Il avait sans doute besoin de ces "remontants" pour garder le rythme. Il lui fallait presque se droguer en permanence pour maintenir ce niveau de performance. C'est comme les stéroïdes pour les sportifs. » Quoi qu'il en soit, il commençait à avoir un sérieux problème avec l'alcool et la drogue, contre lequel il s'est battu jusqu'à la fin de ses jours.

Un autre problème de taille le fit beaucoup souffrir : on l'accusa de plagier les idées de ses confrères. Tous les comédiens vous diront qu'il est difficile, très difficile de rester indifférent à ce que font les autres. Mais avec Robin, l'histoire ne s'arrêtait pas là. L'affaire fut rendue publique en 1989, quand un journaliste écrivit dans le magazine *GQ* : « Son talent pour récupérer des blagues à droite et à gauche et les faire siennes demeure inégalé, et ce depuis son apparition dans la sitcom *Mork & Mindy*. » En réalité, c'était plus ancien que cela. Certains comédiens l'ont non seulement accusé de copier leurs sketches, mais ont aussi refusé de jouer devant lui, de peur qu'il finisse par les plagier.

« Quand il est dans la salle, reconnut en 1991 le coordinateur artistique d'un célèbre café-théâtre dans les colonnes de *Rolling Stone*, beaucoup de comédiens refusent de monter sur scène. J'ai l'impression que Williams a un énorme nuage noir au-dessus de la tête, et qu'on tente de le tenir à l'écart du milieu de la comédie. » Toutefois, l'actrice Whoopi Goldberg n'hésita pas à prendre sa défense : « À les entendre, on avait l'impression que Robin leur ôtait le pain de la bouche. Les comiques font ça tout le temps. Quand quelqu'un sort une bonne réplique et qu'elle vous reste en mémoire, vous l'utilisez. Il y a des phrases que tout le monde finit par dire. Est-ce considéré comme du plagiat ? »

Williams en personne a toujours reconnu que l'une de ses répliques les plus célèbres – « La cocaïne, c'est le moyen que Dieu a trouvé pour nous dire "Tu gagnes trop d'argent" » – lui avait été inspirée par un inconnu.

Mais ces accusations lui restèrent en travers de la gorge toute sa vie. « Je n'ai pas l'intention de plaider non coupable, avoua-t-il à *Rolling Stone*. Quand vous regardez jouer des comédiens huit heures par jour, certaines idées finissent par vous marquer et vous les ressortez. Et, quand ça se produit, je dis : "Désolé. Je vais te payer." Mais je ne me suis jamais dit : "Tiens, ce soir, je vais lui piller toutes ses idées." Quand vous êtes au sommet, tout le monde vous en veut. Et puis j'ai fini par en avoir assez de payer, d'être l'imbécile de service. J'ai répondu : "Eh, attends une minute. Ce n'est pas vrai." On m'accusait de voler des choses qui m'étaient inspirées par ma propre existence. Alors, j'ai rétorqué : "Attends, c'est n'importe quoi. Je n'ai pris ça à personne. C'est à propos de ma propre mère." Dans beaucoup de cafés-théâtres, c'est un peu le téléphone arabe. Tout le monde s'inspire de tout le monde. Quand on va dans un club, on peut voir quinze humoristes différents, ils s'inspirent tous les uns des autres. On peut les interpeller : "'Salut', connard. C'est à moi. C'est moi qui ai écrit 'salut'." »

Il régnait une certaine jalousie professionnelle, mais ce fut finalement si excessif qu'il se mit à insister pour rester à l'extérieur de la salle avant de monter sur scène, afin que l'on ne puisse plus l'accuser. « Je m'efforce toujours de le faire désormais, se confia-t-il à *Rolling Stone*. Pour éviter les problèmes. Je ne fais pas dans la nécrophilie. Je n'ai pas besoin d'y retourner, si c'est pour entendre : "Oh, mon Dieu, ça t'a plu, ces systèmes d'alerte médicale ?" Ouais, merci bien. C'est bon. Ça va fonctionner. Et certains vont jusqu'à imiter mes tics. Je ne leur en veux pas. C'est un compliment. C'est génial. Quand c'est dans l'autre sens, on doit se contenter de sourire. » Il n'avait pas tort. Il allait lui-même inspirer toute une génération d'humoristes.

Toutefois, sur l'une de ces lignes de front, le ciel commençait à s'éclaircir. En 1976, Robin fit la connaissance de Valérie Verlardi, dans un bar de San Francisco où il travaillait. Étudiante au Mills College, serveuse pour financer ses études, elle était l'aînée des quatre enfants d'un entrepreneur italien originaire de New Haven, dans le Connecticut. À l'âge de12 ans, elle avait remplacé sa mère après le divorce de ses parents. Elle envisageait de devenir professeur de danse, car elle avait commencé trop tard pour devenir danseuse elle-même. « Une jeune fille bien et solide », voilà comment Robin la décrivit lors d'une interview. Ils emménagèrent ensemble un mois plus tard. Et en 1978, elle devint la première Mme Williams. Ce fut une relation des plus houleuses.

Robin n'avait pas l'intention de faire carrière dans la restauration. Ils emménagèrent bientôt à Los Angeles, où il continua à se produire dans des cafés-théâtres, participant en 1977 au *Comedy Club,* un spectacle qui bouleversa sa vie. Dans le public se trouvait le producteur George Schlatter, professionnel expérimenté aux affaires florissantes. Né à Birmingham, en Alabama, puis résidant à Webster Groves dans le Missouri, celui-ci avait chanté au cours son adolescence à l'opéra municipal de Saint Louis, où sa mère était violoniste. Après avoir fréquenté l'université Pepperdine à Los Angeles, il était devenu agent pour MCA Records, puis, quelques années plus tard, directeur général du Ciro's Nightclub, sur Sunset Boulevard.

C'est au Ciro's qu'il vit jouer Dan Rowan et Dick Martin. Incidemment, il commençait à produire en parallèle des spectacles de variétés et des émissions télévisées. Il ne lui fallut pas longtemps pour comprendre que ces deux univers pouvaient se conjuguer. En 1967, il produisit *Rowan & Martin's Laugh-In* (émission se référant aux nombreux sit-in et love-in très en vogue à l'époque). Son succès fut tel que la chaîne en commanda de nouveaux épisodes qu'elle diffusa de 1968 à 1973, tous les lundis soir à 20 heures. Inspirée du vaudeville, pimentée d'un soupçon de satire (le boom de la satire était alors à son apogée), elle proposait des gags, des sketches et bien plus encore. C'était la première émission à diffuser des vidéos musicales à la télévision, et elle permit, parmi d'autres, de lancer la carrière de Goldie Hawn.

Ce fut l'un des plus gros succès de l'histoire de la télévision, et Schlatter, pour la relancer, était à la recherche de nouveaux talents. « Williams tendait le micro vers le public, en disant : "Je cherche des cons !" », se rappela Schlatter. Fin 1977, il demanda à Robin de participer à l'émission *The Great American Laugh-In*, sur NBC. Le producteur fut impressionné par son érudition. « C'est l'un des comédiens les plus cultivés que j'aie jamais rencontrés, avoua-t-il au magazine *Variety*. C'était dû en partie, sans doute, à l'ouverture d'esprit et aux compétences qu'on lui avait inculquées à Juilliard. »

Robin était censé jouer cinq minutes, mais son *set* dura un quart d'heure et il devint la vedette incontestée de l'émission. Dès son apparition à l'écran, serrant la main d'une demoiselle médusée, il s'écriait : « Elle m'a touché comme si on se connaissait ! Je vends mes vêtements et je vais au paradis ! » De toute évidence, un talent d'exception venait de se révéler au grand public. On avait demandé aux acteurs d'ouvrir une porte de box d'écurie et, pour se présenter, de passer la tête par l'ouverture comme un cheval. Celle de Robin s'ouvrait en réalité comme une trappe au sol, et il en émergea avec une telle énergie que sa réplique devint célèbre et fut citée sur le site de IMDb : « Mesdames et messieurs, si je suis là ce soir, c'est pour vous parler du très sérieux sujet qu'est la schizophrénie… Non, pas du tout… La ferme, laisse-le parler ! » Ce fut la star de la soirée… Un nouveau talent venait de voir le jour à la télévision américaine.

L'animatrice de télé Joan Rivers, elle-même comédienne, fut moins conquise que le public. Elle avait l'impression qu'il passait une audition, tellement il était déterminé à se faire remarquer. « Vous savez ce que c'est. Vous vous battez, vous voulez qu'on vous distingue, et le seul moyen, c'est d'être le type drôle, expliqua-t-elle au *New York Magazine* en 1993. Nous avons pris une photo ensemble, et il n'arrêtait pas de faire le couillon. J'avais envie de le ligoter et de lui dire "Stop !" »

Les autres, cependant, tombèrent sous le charme. Mais cela faisait déjà plusieurs années que Robin travaillait pour en arriver là. Il avait affûté son *stand-up*, et son acharnement aux répétitions était à la hauteur de sa capacité d'improvisation. La préparation était beaucoup plus importante qu'on ne le croyait. À cette époque, on commençait déjà à le reconnaître, grâce à un signe distinctif qu'il a gardé longtemps : des bretelles de couleur vive. À l'époque, personne n'aurait songé à le considérer comme un homme d'une grande élégance, mais il savait quelle importance on donnait au style, et comprit qu'il lui fallait s'en inventer un, reconnaissable au premier coup d'œil.

L'émission n'eut pas tout à fait autant de succès que la première de la série, mais tout le monde comprit que c'était l'avènement d'un nouveau génie. Schlatter lui demanda de faire partie de la distribution régulière de l'émission *Laugh-In*. « Il est inutile de se donner la peine d'écrire pour lui, dit l'humoriste Merrill Markoe. Dès que les caméras tournent, il oublie ce qu'il a préparé et s'empare de l'émission. » Ce qui n'amusa d'ailleurs guère Rowan et Martin, qui n'avaient pas été invités à participer à la reprise du show, alors qu'ils en détenaient les droits. Devant les tribunaux, en 1980, la cour leur accorda 4,6 millions de dollars.

Robin apparut également dans *The Richard Pryor Show*, mais il avait un projet bien plus important dans ses cartons. Un projet qui allait le contraindre à passer devant le juge pour se désengager de son contrat avec *Laugh-In*. Il apparaît qu'il gagnait alors 1 500 dollars par heure, contre 15 000 dollars par épisode s'il acceptait de prendre part à ce nouveau projet. En l'occurrence, il parvint à rompre son contrat…

Puis il épousa Valérie. Le mariage fut somptueux. Ils s'unirent au Farms Country Club le 4 juin 1978 à Wallingford, dans le Connecticut. Un country-club dont le père de Valérie était membre. Bien que ce jour restât gravé dans leur mémoire, ce n'était sans doute pas le meilleur moment de se marier, car vu son changement soudain de statut, Robin allait vivre la période la plus folle de son existence. En une seule apparition télé, il avait eu un succès phénoménal auprès du public, ce que n'avaient pas manqué de remarquer certaines personnalités très influentes.

L'un des meilleurs comédiens de l'époque était sur le point de devenir une icône.

« Nous avons brièvement parlé de la cocaïne… ouais. Une substance qui vous rend paranoïaque et impuissant… J'en veux ! »

ROBIN WILLIAMS

– 5 –

Nanu nanu

Mindy McCornell :
Je n'arrive pas à croire que tu aies appelé tous mes amis !

Mork :
J'ai du mal à croire ce qu'ils ont dit de toi !

Garry Marshall avait un problème. Auteur, réalisateur et producteur, il était le créateur d'une série à succès, *Happy Days*. Elle retraçait les aventures d'une famille heureuse des années 1950 et 1960, diffusée entre 1974 et 1984. À mi-parcours, Marshall tenta d'élargir son champ d'action. Il demanda à son fils ce qu'il aimerait voir, et obtint une réponse légèrement inattendue.

« Scott, mon fils de 7 ans, n'avait aucune envie de regarder *Laverne & Shirley*, *Happy Days*, ou les autres séries sur lesquelles je travaillais, reconnut-il dans les colonnes du *New York Magazine* en 1993. Je lui ai alors demandé : "Qu'est-ce que tu aimes ?" "Je n'aime que l'espace", m'a-t-il répondu. "Je ne fais rien qui se passe dans l'espace", j'ai rétorqué. "Eh bien, tu n'as qu'à le faire !" Alors, j'ai eu une idée : "De quelle façon voudrais-tu que l'histoire de *Happy Days* se déroule dans l'espace ?" Et il m'a répondu : "Ça pourrait être un rêve." C'était la quatrième saison de la série, et on cherchait des adversaires à la hauteur de Fonzie. On a donc écrit un rôle pour Mork, l'extraterrestre. Ma sœur Ronny, qui s'occupait de la distribution, est allée chercher Robin dans le cours de théâtre de Penny, mon autre sœur.»

Marshall le précisa plus tard, « Williams a été le seul à auditionner pour le rôle. Il est entré, je lui ai demandé de s'asseoir, et il a aussitôt posé sa tête sur la chaise. Il était évident qu'il correspondait parfaitement au rôle, il était anarchique, un peu fou… On pouvait sans mal le prendre pour un extraterrestre ! »

« Rapidement, mon boulot n'a plus consisté à me souvenir de mon texte ou de mes déplacements, mais à essayer de ne pas rire, avoua Henry Winkler, l'acteur qui incarnait The Fonz et se souvient parfaitement du tournage de cet épisode. Pourtant, Robin était tellement timide qu'il avait du mal à s'exprimer. Il m'a demandé : "Après une journée pareille, comment fais-tu pour aller jouer au Comedy Sore ?" Je lui ai répondu : "Si toutes mes journées étaient comme ça, je n'aurais plus l'énergie de monter sur scène !" »

La cinquième saison, *Richie et l'Extraterrestre*[7], fut diffusée en février 1978, et le public l'adora.

Le scénario était un peu tiré par les cheveux. Il mettait en scène Mork, un extraterrestre de la planète Ork, descendu sur la Terre pour tenter d'enlever Richie Cunningham (Ron Howard), à ses yeux parfait représentant de l'espèce humaine. Fonzie intervient et sauve Richie, mais on apprend alors que ce dernier était en train de rêver… C'était l'idée de départ. Comme les acteurs impliqués dans la série étaient emballés, on modifia la fin de l'histoire afin de montrer Mork en train d'effacer la mémoire de tout le monde. Marshall était aux anges : « On s'est dit "Non, ce n'est pas un rêve, c'est réel. C'est une autre série !" »

Dont acte. Ainsi naquit *Mork & Mindy*, la série qui, du jour au lendemain, fit de Robin Williams un véritable phénomène. Mork est un extraterrestre né dans une éprouvette, et qui boit avec son doigt. Selon l'intrigue, Orson l'a envoyé sur la Terre dans un petit vaisseau en forme d'œuf, afin d'observer les humains. De fait, il souhaite se débarrasser de lui, l'humour

7. En version originale, *My Favorite Orkan*, par référence à une autre série télé, *My Favorite Martian*.

étant interdit sur la planète Ork. Sur la Terre, Mork atterrit à Boulder, dans le Colorado, qui deviendra plus tard un lieu de recueillement pour les fans de Robin. Après avoir revêtu une combinaison – qu'il met à l'envers –, il fait la connaissance de Mindy (Pam Dawber), qui vient de rompre avec son petit ami, et qui le prend pour un prêtre, jusqu'à ce qu'il lui avoue sa véritable nature... Elle lui promet de taire son secret et de l'aider à étudier la Terre...

Il aurait difficilement pu y avoir meilleur exutoire aux talents de Williams. Il improvisa une bonne partie de ses textes et acquit rapidement une certaine notoriété. De fait, il improvisait tellement qu'on laissait des blancs dans le scénario pour qu'il puisse créer ses propres monologues. C'était difficile pour sa partenaire Pam Dawber, qui avait elle aussi beaucoup de mal à garder son calme. Le public trouva la série hilarante, et ce fut un succès important avec une audience moyenne de 60 millions de téléspectateurs par épisode. La Paramount s'empressa de signer un contrat de cinq ans avec Robin, pour 3 millions de dollars. Williams était certes issu d'un milieu aisé, mais pour la première fois, il eut l'impression d'être vraiment riche.

La série *Mork & Mindy* fit bientôt partie de la culture populaire. Aux États-Unis, on se mit à se saluer à coups de « Nanu nanu » et en mimant le signe de ralliement vulcain de M. Spock. Le juron orkien *shazbot* se fit une place dans le vocabulaire quotidien, au même titre que *KO*, le « OK » de Mork. Finalement, la série dépassa la popularité de *Happy Days*.

C'était une époque grisante pour les Williams. Robin et Valérie emménagèrent au bord d'un canyon, le comédien s'offrit une BMW argentée, et ils adoptèrent quelques animaux. Mais Robin se mit aussi à sortir comme jamais, et après sa journée de tournage, il faisait la fête ou montait sur scène. De plus, Valérie était relativement casanière, ce qui obligeait souvent Robin à sortir seul. Il portait toujours ses chemises hawaïennes et ses pantalons larges, mais avait renoncé à ses bretelles multicolores car elles le rendaient trop reconnaissable. La célébrité commençait à empiéter sur sa vie. On lui prêta une liaison avec le mannequin Molly Madden, tandis que Valérie aurait été vue seule en Italie. Sur une note plus positive, il se mit aussi à travailler bénévolement pour des associations, dont la Human Dolphin Foundation, ce qu'il poursuivit tout au long de sa vie.

On procéda cependant à certaines modifications dans la seconde saison de la série, qui en pâtit. Il y eut un peu moins l'accent sur la volonté de Mork de comprendre les Terriens, et un peu plus sur sa relation avec Mindy. Dans un souci d'aborder quelques problèmes sociaux plutôt que de se cantonner à de la comédie pure, on visa un public plus jeune, faisant disparaître Fred et Cora de l'écran, jusqu'à leur retour dans le dernier épisode. De nouveaux personnages firent leur apparition. Pour couronner le tout, la diffusion de la série changea plusieurs fois d'horaire, et l'audience baissa.

« Ce fut d'abord très déprimant, parce que je me sentais personnellement concerné. Je me disais "Oh, mon Dieu ! Je ne suis plus drôle !", confia Williams au *New York Magazine* en 1981. Mais j'ai fini par comprendre que c'était dû à tout un tas de raisons. Ils faisaient n'importe quoi avec les horaires, les modifiant d'un jour sur l'autre. Et des parents ont commencé à se plaindre, quand on s'est mis à faire des épisodes un peu trop axés sur le sexe. Ils étaient écrits, justement, pour que je puisse me travestir au milieu de fillettes courant partout en tenues moulantes. Avec ça, on a perdu de l'audience, en particulier celle des parents qui regardaient la série avec leurs enfants. Certains trouvaient qu'on n'y allait pas de main morte avec des sujets comme l'euthanasie, à propos d'un épisode concernant un robot que l'on souhaitait débrancher. » L'on était vraiment très loin de la joyeuse pagaille des débuts.

Il y eut aussi des rumeurs de plus en plus insistantes à propos de la vie privée de Robin, son nom étant désormais ouvertement lié à un certain nombre de femmes. On lui demanda de se calmer. « Ce n'est pas le travail, mais ma vie sociale qui m'exténuait, avoua-t-il à *People Magazine* en 1979. J'étais au bord de l'épuisement. J'étais si survolté que je me faisais peur. Je n'avais pas le temps de récupérer, ni de rentrer chez moi et de tout envoyer balader. Je commençais à péter un plomb. Dans ce métier, il faut savoir dire “non”, sinon, on perd peu à peu la raison. »

De son côté, Valérie faisait elle-même des efforts. Elle avait accepté d'être mariée à un acteur désormais célèbre, et tentait de jouer le jeu, assistant avec lui aux soirées corporatives et s'appliquant à demeurer une épouse modèle, en plus de son travail de professeur de danse.

Mais la série battait de l'aile. On tenta de refaire remonter les audiences et, dans la quatrième saison, Mork et Mindy se marièrent. L'extraterrestre pondit un œuf, et ils eurent un enfant, Mearth, incarné par Jonathan Winters (on expliqua que les Orkiens rajeunissaient avec le temps). Mais la magie n'étant plus là, la série fut interrompue en 1982. Quatre-vingt-onze épisodes avaient été réalisés au total. Cette expérience servit de leçon à Williams : rien n'était jamais acquis. « J'ai découvert que la série était annulée en lisant *Variety*, expliqua-t-il en 2009 dans une interview donnée à *People*. À Hollywood, c'est comme si on lisait sa propre nécrologie : “Vous êtes mort, bonne chance !” »

La série avait donné naissance à une multitude de personnages attachants, auprès de Mork et Mindy :

Fred, le vieil irascible (Conrad Janis) et Cora, la libre-penseuse (Elizabeth Kerr) avaient tous deux de nombreux admirateurs. Avec le recul, il avait été très regrettable de ne pas leur accorder plus d'importance. Franklin Delano Bickley (Tom Poston) était un voisin typique, et Mearth (Jonathan Winters), leur vieil enfant géant. Le frère et la sœur Davinci, Remo et Jean (Jay Thomas et Gina Hecht) étaient les patrons du New York Delicatessen. Nelson Flavor (Jim Staahl) était le cousin ambitieux et traditionaliste de Mindy. Et puis il y avait Orson (dont Ralph James faisait la voix), le très patient supérieur de Mork.

D'autres personnages firent des apparitions récurrentes dans la série. Susan Taylor (Morgan Fairchild) était la copine de lycée pimbêche de Mindy, Exidor (Robert Donner) un prophète qui reconnaissait Mork pour ce qu'il était et qui dirigeait une secte que personne ne pouvait voir. M. Sternhagen (Foster Brooks) devint le supérieur de Mindy à la chaîne de télé locale, et Todd Norman Taylor (TNT, Bill Kirchenbauer) un coureur de jupons qui initiait Mork à la conduite automobile. Eugène (Jeffrey Jacquet), un enfant de 10 ans, se liait d'amitié avec Mork dans la première saison, ainsi que Billy (Corey Feldman), un garçon de la garderie. Arnold Wanker (Logan Ramsey), quant à lui, était le propriétaire du magasin de disques de Fred.

Curieusement, pour une série qui débuta comme une comédie frivole, *Mork & Mindy* abordait des thèmes qui allaient marquer la vie de Robin Williams. C'était un acteur extrêmement doué. Même les critiques les plus hargneux daignaient le reconnaître. Mais le domaine dans lequel il excellait demeurait la comédie, et surtout l'improvisation. On lui reprochait toutefois de se montrer trop sentimental et de galvauder son don au profit de bluettes un peu mièvres. C'était précisément le cas pour *Mork & Mindy*. La série avait débuté comme une véritable comédie, mais finit par faire place à un programme dans lequel on tentait de commenter les problèmes du jour. Cela ne fonctionnait pas, et le public n'aimait pas ça. Et s'il était facile d'en vouloir aux producteurs, Robin était, lui aussi, impliqué dans ces décisions.

Preuve en est l'épisode *Mork Meets Robin Williams* – « Mork rencontre Robin Williams » – en 1981, qui se révéla fort complaisant : Mindy sort acheter un album de sketches de l'humoriste Robin Williams. En le déballant, elle voit sa photo, le portrait craché de Mork. Robin en personne vient ensuite débattre de la nature de la célébrité, et Mork déclare à Orson : « Être une célébrité, c'est un boulot à plein temps, il est impossible d'avoir une vie privée, certains ne le supportent pas. » Il énumère la liste de ceux qui ont succombé à la pression : Elvis Presley, Marilyn Monroe, Jimi Hendrix, John Lennon… Cet épisode ayant été diffusé deux mois seulement après la mort de Lennon, le message était limpide, la célébrité peut être fatale. Cet épisode moralisateur, pas drôle du tout, n'était pas ce qu'attendait le public.

Cela donna néanmoins une idée de la vie de Williams. En quelques années, il était passé d'un anonymat presque complet à la célébrité, et allait l'expier. De plus, cela ne lui plaisait guère, au fond, d'être désormais associé à cet extraterrestre. Lorsqu'il montait sur scène dans des clubs, ce qu'il n'avait cessé de faire, souvent après ses journées de tournage, il arrivait que le public s'écrie : « Fais-nous Mork ! » Mais Robin n'en avait aucune envie, et ce fut là le début d'une véritable crise. Comme son ami le comédien John Belushi, il sombra lourdement dans la drogue et l'alcool, et en paya le prix dans tous les domaines. Maintenant qu'il était célèbre et de plus en plus riche, les femmes commençaient à se jeter à son cou. Souvent ivre ou sous l'emprise de la drogue, il ne repoussait pas toujours leurs avances. Naturellement, cela avait des conséquences sur son couple. En privé, la situation devint extrêmement tendue.

Au début, Valérie sembla le supporter. Elle voulait se battre pour son mari. « Écoutez, je suis un pur produit du Goddard College, expliqua-t-elle au magazine *Rolling Stone*, en 1982, dans une interview très personnelle où elle laissait entendre que le trouble était profond. Vous connaissez ? J'y ai notamment appris que l'on pouvait guider les gens ; qu'on pouvait se rendre suffisamment intéressant et important dans la vie de son conjoint pour qu'il finisse toujours par revenir si on l'accepte. Si on adopte son rythme, si on lui donne suffisamment de liberté et si on participe à son épanouissement, plutôt que de tenter de le retenir à tout prix. Voyons les choses en face : Robin est accro à toutes sortes de stimuli. »

C'était le cas, plus qu'on n'aurait pu le croire. Et là, non seulement la situation devenait ingérable, mais elle était de plus en plus difficile à vivre. Quand on l'interrogea sur la présence d'une autre femme dans la vie de son mari, Valérie répondit : « Non. Dans une situation comme celle-ci, c'est difficile, parce que mes propos pourraient être déformés. Voyez-vous, le fait est qu'il n'y a jamais eu d'autre femme en particulier. Il a toujours été question de beaucoup d'autres femmes, et je ne suis pas certaine qu'il ait eu une relation intime avec toutes. La plupart du temps, il se contente de se montrer avec elles. Il aime les femmes, et il aime leur compagnie. J'ai reçu la lettre d'une de celles avec qui Robin avait été aperçu – ils étaient censés avoir une relation. J'ai fait sa connaissance, et elle était adorable. Ils souhaitaient simplement passer du temps ensemble. Je ne peux pas l'empêcher d'aller dîner avec une femme qu'il aime bien. Ce ne sont pas mes affaires, de même que ça ne me plairait pas qu'il m'empêche de voir qui je veux. S'il ne peut pas avoir d'histoires d'amitié avec des femmes et si je ne peux pas en avoir avec des hommes, s'il faut imaginer le pire chaque fois que quelqu'un s'entend bien avec une personne du sexe opposé, dans quel monde vivrons-nous ? »

Et la jalousie ? « Il m'arrive d'être jalouse. Mais uniquement lorsque j'ai l'impression que l'on me prend ma place, poursuivit-elle. Et nous nous en sommes toujours sortis de cette façon. C'est nous. Ça peut sembler étrange, mais dans des circonstances extraordinaires, comme c'est le cas actuellement, si l'on ne fait pas les ajustements nécessaires, on peut perdre ce que l'on a de plus précieux. Je ne dis pas que ça nous donne le droit d'aller voir ailleurs et de coucher avec tout ce qui bouge. Il s'agit simplement de se sentir libre, et non prisonnier du mariage. Il n'entamera jamais de relation avec qui que ce soit sans que je ne sois au courant. Sinon, ça ne peut pas fonctionner. Il est impossible de retenir quelqu'un, il finit par vous en vouloir et vous détester. Vous devenez ennuyeuse et perdez tout attrait à ses yeux. Si j'avais brûlé les étapes et demandé le divorce, j'aurais perdu ce que j'avais de plus précieux dans ma vie, et cela aurait coupé court à notre expérience commune, qui est bien plus riche que tout ce qu'il pourra trouver ailleurs. »

Valérie fit preuve d'un grand courage et sa ténacité fut admirable. Mais en vain. Leur relation se fit de plus en plus houleuse. Au fond, Robin n'en faisait qu'à sa tête et la provoquait à tel point qu'il arrivait que sa femme claque la porte et parte quelques jours faire de la randonnée ou prendre des vacances, décidant de ne revenir qu'après avoir retrouvé son calme. À ce stade, même si le comportement de Robin était devenu inacceptable, elle considérait que les autres femmes ne signifiaient rien pour lui. C'était *elle* sa femme, après tout. Mais même si c'était le cas, il lui fut de plus en plus difficile d'ignorer le fait que le succès avait transformé son mari en un toxicomane coureur de jupons. En fait, la situation dégénéra rapidement, mais elle avait l'intention de laisser les choses en l'état, pour un temps. Qui aurait pu lui en vouloir ? À certains égards, son existence s'était améliorée. Le fait d'être l'épouse d'une star pouvait avoir ses inconvénients, mais en même temps, le couple commençait à avoir un train de vie d'enfer. Il ne s'agissait pas seulement d'avoir les meilleures tables au restaurant – tout le monde voulait rencontrer Robin à l'époque. On parlait de lui partout, et cette célébrité ouvrait des portes généralement fermées au commun des mortels. Et puis naturellement, quand il était en forme, Robin était d'excellente compagnie. Valérie, on la comprend, souhaitait vraiment que leur relation fonctionne.

À l'époque, Robin avait fait l'acquisition d'une maison à Topanga Canyon et d'une autre voiture, une vieille Land Rover : « Je n'y arrive pas avec les voitures neuves. J'aime celles qui me ressemblent. Qui sont imprévisibles. » Heureusement pour eux, il n'était pas matérialiste, même si l'argent coulait désormais à flots.

Il avait cependant un objectif, faire carrière à Hollywood. En 1980, il fit sa première apparition au cinéma dans *Popeye*, avec Shelley Duvall dans la peau d'Olive. Il avait déjà joué un rôle dans *Can I Do It 'Till I Need Glasses*, en 1977. Par bonheur, ce long-métrage est tombé dans l'oubli et n'est presque jamais mentionné dans la filmographie de Williams… On avait fondé de grands espoirs sur ce film, en particulier parce qu'il était réalisé par Robert Altman et produit par Robert Evans (au départ, il avait été prévu d'en attribuer les rôles principaux à Dustin Hoffman et à Lily Tomlin). Mais cette comédie musicale fut un échec, même si elle rencontra un certain succès commercial et rapporta le double des 30 millions de dollars qu'elle avait coûté.

L'intrigue déroutante partait dans tous les sens et en était le principal problème. Si les critiques ne détestèrent pas tous le film, certains n'y allèrent pas de main morte. « Avec cette comédie musicale d'un ennui incroyable, le marin préféré d'E.C. Segar est monté à bord d'un navire en perdition, écrivit le célèbre critique Leonard Maltin. Les acteurs font ce qu'ils peuvent avec ce scénario qui n'a rien d'amusant, une mise en scène brouillonne et de présumées chansons. Regardez plutôt les dessins animés de Max Fleisher, cela vaudra mieux. » Le seul élément du film susceptible de recevoir des éloges fut la bande originale de Harry Nilsson. Quant au reste, ce fut un fiasco.

Débuts décevants pour un comédien si attendu. Mais Robin encaissa le coup. Il lui restait encore plusieurs saisons de *Mork & Mindy*, et les producteurs et réalisateurs se battaient pour travailler avec lui. Si des échecs mirent un terme prématuré à la carrière de certains, ce ne fut pas le cas de *Popeye*. Williams était de plus en plus adulé par le public, Hollywood savourant le talent de ce nouveau venu. Seuls ses proches savaient qu'il en payait le prix. Il maîtrisait de moins en moins sa consommation de drogue, et son mariage en pâtissait. Étourdi par les nombreuses propositions de la gent féminine, il était comme un enfant dans un magasin de bonbons. Impuissante et désespérée, Valérie ne pouvait que subir cette débâcle.

Ce n'étaient pas uniquement son argent et sa célébrité qui le rendaient séduisant. Robin était un séducteur redoutable et aimait les femmes, sa pétulance étant très appréciée en tant que future star internationale. Valérie persévéra, et leur mariage dura encore un temps, mais il fut de plus en plus difficile pour le couple de sauver les apparences. Il y eut des disputes et de la peine et même si, parfois, elle eut l'impression que Robin avait changé, ce ne fut jamais vraiment définitif. Il acquit rapidement une réputation de séducteur toxicomane, et il fallait qu'un drame survienne pour qu'il accepte enfin le fait qu'il n'avait plus la moindre maîtrise sur ses démons.

« J'aime mon vin comme mes femmes : enivrant ! »

ROBIN WILLIAMS

– 6 –

LE MONDE SELON ROBIN

« Vous savez, tout le monde finit par mourir.
Mes parents sont morts. Votre père est mort.
Tout le monde meurt.
Moi aussi, je vais mourir. Et vous aussi.
L'important, c'est d'avoir vécu avant de mourir.
Vivre, c'est parfois une véritable aventure. »

JENNY FIELDS (Glenn Close),
dans *Le Monde selon Garp*, 1982

Au début des années 1980, Williams voulait jouer dans des films grand public. Cela avait toujours été son intention : à la Juilliard, il avait reçu une formation d'acteur, et non d'humoriste de stand-up, et si ses professeurs n'avaient pas su voir son potentiel à l'époque, c'était leur problème. Et si *Popeye* avait été décevant, il avait beaucoup d'autres projets. Celui auquel il s'attaqua ensuite prit tout le monde au dépourvu.

Le Monde selon Garp est inspiré du quatrième roman de John Irving, succès mondial qui remporta le National Book Award for Fiction.

On est bien loin, ici, de *Mork & Mindy* et de *Popeye*. Et pour ce rôle dramatique, personne n'aurait pensé que le réalisateur choisirait un comédien tel que Williams, qui n'était alors connu que pour son rôle de Mork et pour ses stand-up.

« On m'a pris pour un fou, quand j'ai choisi Robin, raconta le réalisateur George Roy Hill au *New York Magazine*. Mais je me suis fié à mon instinct. Je l'avais vu jouer Popeye, et je ne comprenais pas un mot de ce qu'il disait. Je l'avais également vu un soir dans le rôle de Mork, et je ne comprenais rien non plus. Je le prenais pour un simple humoriste de stand-up. Mais, quand j'ai fait sa connaissance, j'ai senti qu'il avait un sens moral très développé. Garp est quelqu'un de corrosif, mais la morale tient pour lui un rôle important. J'ai senti que Robin était ce genre d'acteur capable de me donner ça. J'espère ne pas m'être trompé. »

De fait, il se révéla le premier, à Hollywood, à voir en Robin Williams d'autres talents que ceux pour lesquels il était connu : superbement doué, il avait la profondeur et l'intelligence émotionnelle suffisantes pour endosser un rôle sérieux. On a classé *Le Monde selon Garp* dans les comédies dramatiques, mais le film abordait des sujets si sérieux qu'il ne manqua pas de susciter la polémique.

« Robin a un talent extraordinaire, reprit George Roy Hill. C'est un acteur, un vrai, pas un simple comédien que l'on met en situation de jouer un rôle. Il est capable de tenir la distance, quand il veut. Je dirais que c'est l'un des hommes les plus brillants qu'il m'ait été donné de rencontrer. Il est formidable, et, même si ce n'est pas un intellectuel, il pourrait très bien en devenir un. C'est quelqu'un de vif, impulsif, drôle et chaleureux, et il fait partie des rares comédiens que je connaisse qui, même s'ils sont souvent "à fond", ne le sont jamais à tort et à travers. Garp n'est pas un personnage comique. Il est sérieux, mais il y a de la comédie dans le film, généralement inspirée de la réalité. Robin interprète un personnage de ses 18 ans jusqu'à ses 34 ans. De fait il en a 29, mais il a toujours eu l'air plus âgé. J'ai vu des photos de lui à 18 ou 19 ans, et il en paraissait plus. Il est donc crédible quand il doit jouer un personnage plus vieux que lui. »

Malgré tout, il lui fallut faire ses preuves. Il dut apprendre à se maîtriser : pour le stand-up comme pour son rôle de Mork, il lui avait fallu adopter un débit rapide sans temps morts. Sa capacité à s'exprimer à un rythme soutenu avait été un élément déterminant lors du casting. George Roy Hill en était conscient. « Robin avait une habitude qu'il a fallu surmonter, confirma-t-il. Il avait tendance à parler trop vite. Il m'a fallu un bon moment pour le faire ralentir, car son esprit va à toute allure. Je pense y être parvenu, même si je me demande parfois si ce n'est pas parce que je m'y suis habitué. »

Pour Robin aussi, ce fut une véritable expérience. C'était un univers à mille lieues du sien, où il devait incarner un rôle dramatique particulièrement exigeant. « Le principal problème a consisté à faire correspondre les âges différents, révéla-t-il en 1981 au *New York Magazine*. Il fallait que je parvienne à rendre crédibles ces différentes phases de la vie de mon personnage, ainsi que ses relations au fil du temps. J'ai dû aller puiser au plus profond de moi des souvenirs, douloureux et merveilleux. Certaines scènes parlent de la mort et du deuil, d'autres sont jouées avec des enfants. Les scènes intimes sont interprétées sans faux-semblant. On attendait de moi que je sois direct, très ouvert. »

Il trahit également un profond manque d'assurance. Ce fut la première fois qu'on décela une certaine vulnérabilité chez lui. À ce stade de sa vie, on considérait encore Williams comme un clown, talentueux, certes, mais un clown. Personne ne saisissait la gravité de sa dépression ni son côté solitaire, le vide qu'il tentait de combler par l'alcool, la drogue et la comédie. Pas le public, du moins. Pour ses proches, il apparaissait toutefois qu'il n'était plus aussi accessible et direct que par le passé.

« Je ne suis pas allé voir les *rushes*, parce que j'ai eu peur qu'ils me bouleversent, reconnut-il. Je crois que je ne me verrai pas avant le montage définitif. J'ai l'impression de me noyer, de fuir pour sauver ma peau. Je ne sais pas où je vais. Ça n'a rien à voir avec la comédie ou la bouffonnerie, où je sais ce que je fais. Je suis en territoire inconnu. Comme si j'étais au front. À la fin d'une journée de tournage, il m'arrive de me dire : “Mon Dieu, je suis mort.” Même quand il ne s'agit que d'une seule scène, j'ai ce sentiment étrange, et il m'arrive alors de fondre en larmes. Quand je finirai par voir le film, je me dirai : “Je l'ai fait.” Je serai fier. Je le suis déjà, mais je ne peux pas le dire, parce que ce n'est pas encore terminé. C'est un gros risque, c'est effrayant et bizarre, parce que chaque fois qu'on tente quelque chose de nouveau, on se dit aussitôt : “Oh, non, c'est fini ! Il ne me reste plus qu'à aller faire du porte-à-porte pour vendre le *National Enquirer*.” »

La plupart des vedettes connaissent ce terrible manque de confiance en soi, elles sont persuadées qu'on va finir par les démasquer et qu'elles vont devoir reprendre leur vie d'avant la célébrité. Mais dans le cas de Robin, ce sentiment était accentué par le fait que tout s'était produit très vite. Le fait que *Mork & Mindy* perde de plus en plus d'audience et que l'on songe à en cesser la diffusion n'avait presque plus aucune importance. Il avait mis un pied dans la cour des grands, mais comme beaucoup d'autres, il était incapable de discerner la position dans laquelle il se trouvait. Au cœur du tourbillon de sa nouvelle existence, il ne comprenait pas clairement qu'il était convoité au point qu'une carrière brillante lui était désormais pratiquement assurée.

« Je suis stupéfait et parfois sous le choc, avoua-t-il quand le *New York Magazine* l'interrogea sur sa notoriété. Souvent, j'ai l'impression qu'il suffirait d'un rien pour que je redescende. Je traverse des phases d'effroi. J'ai du mal à les supporter, parce qu'elles sont très démoralisantes. Il faut que je tente de nouvelles choses comme *Garp,* pour me bousculer. Que je saisisse de nouvelles occasions. Parce que ma plus grande crainte est de devenir médiocre, de m'encroûter et de me répéter. C'est tout aussi vrai dans ma vie, j'essaie d'évoluer car j'ai peur de stagner, de me replier sur moi-même. »

Mais pour l'heure, sa relation avec Valérie se maintenait à flot. Car Robin commençait à ralentir le rythme effréné de sa vie, tentant de profiter davantage de sa femme. Après tout, Valérie l'avait connu avant qu'il ne devienne célèbre, elle l'aimait pour ce qu'il était et non pour ce qu'il était devenu. L'un des problèmes majeurs de ces personnes est de parvenir à déterminer si leurs amis ou partenaires les aiment pour leur statut ou pour ce qu'elles sont vraiment. Ce n'était pas un souci pour Robin, et Valérie faisait partie des rares avec lesquelles il pouvait vraiment rester lui-même.

« Elle devrait se remettre à enseigner, confia-t-il au *New York Magazine*. Elle est très fière de ne pas être simplement Mme Robin Williams. Au début, il n'y avait ni managers, ni journalistes, il n'y avait que nous deux. Sa présence m'était très importante, elle m'accompagnait aux clubs, traînait avec moi. À présent, nous avons entamé une nouvelle phase purement émotionnelle. C'est bien de rentrer chez soi et d'y retrouver quelqu'un qui vous connaît vraiment. Je peux rester sans rien dire. Parfois, je m'effondre. Chez moi, je ne suis pas obligé de divertir qui que ce soit, elle comprend. Je l'aime énormément. Parfois, le simple fait de la regarder m'apaise. Nous avons connu des moments très difficiles, mais désormais, on voit le bout du tunnel. *Garp* a déclenché quelque chose en moi, et je me satisfais de choses simples à présent. Plus que jamais, j'aime faire de longues promenades, sortir, voir des amis… C'est merveilleux. Avant, il fallait que j'aille faire la fête, que je monte sur scène, que je me donne toujours à fond. Dorénavant, je me contente d'écouter et de me détendre. »

L'horizon n'allait pas tarder à s'assombrir.

Aux États-Unis, *Le Monde selon Garp* sortit en salles en juillet 1982, et Williams fut révélé, tout au moins pour les critiques. Ils ne couvrirent pas nécessairement le film de louanges, en partie parce que certains semblèrent n'apprécier ni la trame originale ni le livre dont il était tiré. Mais ils furent impressionnés par la performance de l'acteur.

« Robin Williams fournit un travail qui pourrait lui permettre de remporter un oscar », s'enthousiasma Alex Sandell, de *Juicy Cerebellum*. « Un bel effort parfois proche du génie », déclara Ken Hanke, dans les pages de *Mountain Xpress*. « Steve Tesich a adapté *Le Monde selon Garp* à l'écran, et c'est George Roy Hill qui l'a mis en scène, écrivirent Frederic et Mary Ann Brussart dans les colonnes de *Spirituality and Practice*. L'humanisme pur de Tesich et le profond respect de Hill pour les aspects tragi-comiques de la vie font de ce film l'un des meilleurs de l'année 1982. La performance des acteurs est de très haut niveau. L'intrigue, fidèle à l'esprit du roman, nous pousse à réfléchir sur les ambiguïtés de l'amour, de la mort, du sexe et de la violence qui caractérisent la vie moderne. »

« Garp ne comprend rien, et ce, pour une bonne raison. Malgré son étrange mentalité et son éducation, c'est l'éternel "M. Tout-le-Monde", écrivit James Kendrick, de *Q Network Film Desk*. Sa seule ambition est d'avoir une belle famille et de laisser son empreinte. La normalité de son existence de banlieusard semble bien pâle, comparée à l'univers féministe de sa mère, peuplé de femmes sans langue et d'anciens footballeurs ayant changé de sexe, comme Roberta Muldoon (John Lithgow). Choisir Robin Williams pour interpréter un type normal peut paraître incongru, mais il convient parfaitement au rôle. Il parvient avec talent à communiquer sa perplexité face à des événements insolites, tandis que Jenny se contente de rester en retrait et de sourire, sans jamais rien trouver de bizarre. »

Parallèlement, même si *Variety* a eu des doutes sur Robin, le magazine n'a pas tari d'éloges sur le film : « Garp grandit dans un environnement universitaire tranquille, et apparaît à l'âge adulte, incarné par Robin Williams, au bout de vingt-cinq minutes seulement. Il fait la connaissance de Mary Beth Hurt et l'épouse. Il élève sa famille, continue à écrire de manière sporadique pendant qu'elle enseigne, s'accroche avec des féministes chez sa mère, tout en évitant la menace invisible susceptible de frapper n'importe où sans prévenir. Physiquement, Williams est irréprochable, mais son interprétation est très irrégulière. Sinon, la distribution est magistrale. Mary Beth Hurt est excellente dans le rôle de l'épouse de Garp. Glenn Close se révèle le choix parfait pour incarner Jenny Fields, une femme d'une simplicité angélique. Le plus intéressant est sans doute John Lithgow, dans la peau de Roberta Muldoon, un ancien footballeur transsexuel. »

Time-Out ne fut guère convaincu : « Williams est assez touchant dans le rôle de l'homme qui s'évertue à nourrir sa famille en dépit du sort qui semble s'acharner sur lui, et il faut souligner la prestation de Lithgow en ex-footballeur pro transsexuel de près de deux mètres. Mais c'est le genre de film suffisamment courageux – ou idiot – pour s'interroger sur le sens de la vie sans en avoir assez dans la culotte pour proposer une réponse. »

Certains ont mis l'accent sur le changement de carrière de Robin, qui délaisse le métier d'humoriste pour celui d'acteur. « M. Williams est très touchant dans les scènes avec les enfants, il incarne un père affectueux et enjoué, un homme à l'aise dans un monde totalement illusoire, écrit Janet Maslin dans le *New York Times*. Le rôle de M. Williams est très exigeant, lui demandant de jouer un adolescent finissant par devenir père de famille, ce qui lui pose quelques difficultés. Son interprétation, attachante mais inconstante, est plus efficace dans les scènes comiques et dynamiques que dans celles où il doit s'en tenir au texte ou rester tranquille. Quand le rôle exige une certaine retenue, il faiblit. »

D'autres n'ont simplement pas aimé le film : « Que penser de ces gens et des événements qui se produisent au cours de leur existence ? s'interrogea, dans les colonnes du *Chicago Sun-Times,* un Roger Ebert plutôt sceptique. J'ai trouvé le jeu des acteurs relativement anticonformiste (surtout ceux de Robin Williams, de Glenn Close dans le rôle de la mère de Garp, et de John Lithgow). J'ai trouvé la mise en scène de George Roy Hill culottée et toujours intéressante. Mais à la fin du film, ma réaction ne fut pas celle qu'elle aurait dû être. Une seule question m'est venue à l'esprit : "Mais qu'est-ce que c'est que ce film ?" »

Pauline Kael ne semblait pas plus satisfaite : « Ni le livre ni le film ne sont crédibles. Et l'adaptation assez fidèle n'est ni plus ni moins qu'un fantasme de castration. »

Quoi qu'on en ait pensé, toutefois, Robin a fourni la preuve qu'il savait tenir un rôle. Désormais, il était évident que son talent était plus étendu que ce que l'on avait cru jusqu'alors. Et cela tombait bien : *Mork & Mindy* venant de s'achever, il était temps de passer à autre chose.

Trois mois avant la sortie du film en salles, un événement bouleversa profondément l'existence de Williams : en mars 1982, à tout juste 33 ans, son ami proche, l'humoriste et comédien John Belushi, décéda d'une overdose après un *speedball*, mélange de cocaïne et d'héroïne. On découvrit son corps dans sa chambre d'hôtel au château Marmont, sur Sunset Boulevard. Quelques heures auparavant, il avait reçu la visite de Williams et de leur ami Robert De Niro. Ce fut un choc terrible pour eux.

À l'image de Williams, Belushi était l'une des étoiles montantes d'Hollywood. Lui aussi s'était fait un nom à la télévision, dans le *Saturday Night Live.* Artiste comique incroyablement doué, il était connu surtout pour son rôle dans *The Blues Brothers* (1980) avec son grand ami Dan Aykroyd. Celui-ci s'apprêtait à créer le rôle du Dr Peter Venkman dans *SOS Fantômes* (1984) en pensant à lui. C'est finalement Bill Murray qui l'interpréta. Tout comme Williams, il eut une ascension fulgurante et commençait à voir que Hollywood était un milieu de requins. La veille de sa mort, Paramount Pictures avait insisté pour qu'il joue dans le film *Joy of Sex.* Ce que lui avait fortement déconseillé Aykroyd, affirmant qu'ils souhaitaient simplement profiter de son nom pour pouvoir financer le film : « Oh, tu rigoles ? Tu ne vas pas jouer là-dedans ! avait-il dit à son ami. Sors-toi de là ! Rentre chez toi, c'est le printemps, je te promets qu'il va se passer quelque chose pendant l'été ou à l'automne. » Il s'agissait probablement de *SOS Fantômes*, mais le destin en a voulu autrement…

Malgré tout, Belushi accepta de jouer dans le film. Était-ce son dégoût pour ce projet, ou le fait qu'il ne maîtrisait plus du tout sa consommation de drogue ? Il passa sa dernière nuit avec, parmi d'autres, une toxicomane notoire, Catherine Evelyn Smith, ancienne choriste de The Band, qui lui injecta de l'héroïne à plusieurs reprises. Le lendemain matin, on le retrouva mort sur son lit. Catherine Smith fut arrêtée et accusée d'assassinat. Elle finit par accepter un accord pour homicide involontaire, et passa quinze mois derrière les barreaux.

Williams était passé un peu auparavant et avait pris quelques lignes de coke, mais Cathy Smith semblait l'écœurer. Il trouvait qu'elle donnait « la chair de poule ». On raconte qu'il serait reparti en déclarant à Belushi : « Si jamais tu te relèves un jour, appelle-moi. » C'était une parole en l'air, mais elle fut terriblement prémonitoire. Bien que n'ayant strictement rien à se reprocher, Robin éprouva une profonde culpabilité depuis cette nuit-là, même s'il était peu probable à ce stade que qui que ce soit eût pu sauver John. Son amie Penny Marshall, qui dirigea Robin dans *L'Éveil* (1990), révéla des années plus tard que John était alors parfaitement incapable de résister à la moindre tentation. « Je vous jure que lorsqu'on était ensemble dans la rue, des gens lui proposaient de la drogue et il les testait toutes. C'était tout à fait le genre de personnage qu'il jouait dans ses sketches ou dans *American College* (1978), confia-t-elle au *Hollywood Reporter*, trente ans après sa mort. Je l'aimais, il me manque, et je regrette qu'il ait fréquenté ce genre de personnes. Mais, dans les années 1970 et 1980, tout le monde était fou. »

La mort prématurée de John Belushi bouleversa le Tout-Hollywood et le monde entier. Sa veuve, Judy, son amour d'adolescence, était accablée. Ses proches savaient qu'il se droguait, mais son avenir semblait si prometteur qu'ils eurent du mal à admettre sa mort.

« Que dire ? John était extrêmement talentueux, et on peut affirmer qu'il menait une vie d'excès, déclara le producteur de disques Bruce Robb, qui avait travaillé avec lui. Je pense que ce qui lui est arrivé a eu un effet positif sur beaucoup de monde, autant que sur moi. »

Cela eut un effet dévastateur sur Robin, car John était l'un de ses meilleurs amis. Ils avaient trop de points communs pour qu'il ne redoute pas la même chose. Cela dit, il ne se droguait pas autant que John. « Mes managers m'ont envoyé chez un médecin car, d'après eux, j'avais un problème de cocaïne, avoua-t-il au *Los Angeles Times*, en 1991. Celui-ci m'a dit : "Quelle quantité en prenez-vous ?" Je lui ai répondu : "Un gramme tous les deux ou trois jours." Il m'a alors rétorqué que ce n'était pas un problème. C'était avant que l'on reconnaisse l'existence d'une dépendance psychologique. Au bout d'un moment, je me suis rendu compte que la cocaïne était devenue un problème. Physiquement, je n'en ressens pas le besoin, mais mentalement, j'ai vraiment l'impression que ce serait une bonne idée d'en prendre. »

Il savait qu'il risquait de perdre la maîtrise de sa consommation, d'autant qu'il buvait aussi beaucoup. Comme Belushi, Williams était un jeune homme qui avait éclos sur scène et avait tout l'avenir devant lui. Soit il acceptait cet avenir, soit il cédait au côté obscur avec tous les risques que cela comportait.

D'autres raisons le poussaient à s'assagir : Valérie et lui avaient donné un nouveau départ à leur mariage, à tel point que quelques mois après la mort de John, sa femme tomba enceinte de leur premier enfant. Robin menait peut-être une existence tumultueuse à l'époque, mais il n'était pas idiot. Avec un nouveau-né dans sa vie, il savait qu'il lui fallait tout arrêter. À ce stade, bien qu'il refusât d'entrer en cure de désintoxication, il arrêta à force de volonté de prendre tout ce dont il était devenu dépendant, et connut l'état de manque. Ce fut la première fois depuis des années qu'il se sentait désintoxiqué.

« La mort de Belushi m'a traumatisé, raconta-t-il à *People,* des années plus tard. Sa mort a épouvanté un grand nombre de personnes dans le milieu du spectacle. Beaucoup ont arrêté de se droguer. Et de mon côté, j'allais avoir un enfant. Je savais que je ne pouvais pas être un bon père en menant cette vie-là. »

Il semblait qu'un nouveau chapitre était sur le point de s'ouvrir, et dans une certaine mesure, ce fut le cas. Robin commençait une carrière cinématographique brillante, il s'était racheté une conduite, et Valérie et lui attendaient un heureux événement. Mais il ne parvint jamais réellement à se débarrasser de ses démons. Bientôt il se retrouva impliqué dans une affaire embarrassante qui finit devant les tribunaux, et fut sans surprise à la une des journaux. Et en dépit de leurs efforts, leur mariage ne dura pas.

Paradoxalement, Robin Williams, qui apportait tant de bonheur et de joie à son entourage et devint un grand amuseur public, ne fut jamais en mesure de faire la paix avec lui-même.

« Le printemps, c'est la façon qu'a la nature de nous dire : "Et si on fêtait ça ?" »

ROBIN WILLIAMS

– 7 –

Une période mouvementée

« Je suis allé en cure de désintoxication dans une région viticole. On ne sait jamais. »

Robin Williams

Londres, Grande-Bretagne, au début des années 1980. Une des plus grandes stars hollywoodiennes du moment était de passage. Souhaitant se produire au moins une fois au Royaume-Uni, elle demanda à un chauffeur de taxi de la conduire à un café-théâtre. On la déposa donc au Comedy Store, où les artistes attitrés Alexei Sayle et Andy de la Tour acceptèrent de la laisser monter sur scène. Ils lui demandèrent de jouer en premier, pour chauffer la salle avant que les « vrais pros » ne prennent les choses en main. Ce fut une représentation que les spectateurs présents n'oublieront jamais. On avait prévu un *set* d'un quart d'heure, mais il en alla autrement.

« Robin Williams a quitté la scène au bout de quarante minutes, raconta de la Tour dans son livre *Stand-Up or Die*. Le public n'en pouvait plus. Il était épuisé, tellement il riait. Tout le monde était écroulé sur sa chaise, exténué. Williams nous avait fait une véritable démonstration de stand-up, avec une telle énergie et une telle imagination que c'en était incroyable. »

Le public britannique l'aimait autant que le public américain. Il avait déjà remporté un Grammy Award en 1979 pour *Reality... What a Concept*, son spectacle au Copacabana à New York. ... Mindy en avait le disque à la main, lorsque avec Mork elle rencontra Robin dans un épisode de la série. En plus de sa carrière cinématographique naissante, il continuait de participer à des émissions de télévision très populaires : *Off The Wall* (1978), *An Evening With Robin Williams* (1982), et *Robin Williams, Live At the Met* (1986). Il était également de plus en plus invité dans les talk-shows. D'abord avec David Letterman, où il livra une prestation hallucinante juste après s'être fait connaître sous les traits de Mork, puis avec Johnny Carson. Au total, il fit cinquante apparitions à *The Late Show with David Letterman*, et le présentateur devint l'un de ses amis pendant quarante ans. Ce dernier avait vu Robin pour la première fois au

LA Comedy Store et se rappela qu'il s'était dit : « Ils vont devoir mettre la clé sous la porte. Que peut-il se passer d'autre après ça ? C'est un véritable ouragan. Putain, ma carrière dans le spectacle est terminée ! »… Il s'en est finalement plutôt bien tiré !

Mais Robin souhaitait plus que jamais faire carrière dans le cinéma, et ce malgré une nouvelle déception, *Les Rescapés* (1983), avec Walter Matthau. « Avec sa nouvelle comédie à caractère social, *Les Rescapés*, qui a pour vedettes Robin Williams et Walter Matthau, Michael Ritchie a ressorti des histoires de polochon indignes de lui. Si les grossièretés ne manquent pas, les rires sont rares », écrit James Wolcott dans les colonnes du *Texas Monthly*. Le film à succès dont il rêvait dut encore attendre…

En 1983, le premier enfant de Robin vit le jour : Zachary Pym, dit « Zak ». Williams tourna peu après dans un nouveau long-métrage, *Moscou à New York* (1984). L'histoire raconte la défection d'un musicien soviétique lors de son séjour dans la mégalopole. Ce ne fut pas un succès considérable, mais le film obtint des critiques positives et permit de renforcer l'idée que Robin Williams était un acteur crédible.

« En voyant *Le Monde selon Garp*, je me suis dit que Robin Williams manquait un peu d'expérience. Qu'il n'était pas assez solide, écrivit David Denby dans une chronique très positive du *New York Magazine*. Mais dans *Moscou à New York*, il a bien les deux pieds sur terre. Il a un véritable personnage à interpréter, et se montre extraordinairement touchant. Barbu et aussi poilu qu'un ours russe, c'est un personnage presque insignifiant à Moscou, qui lutte contre le froid et grimace en voyant la file d'attente de trois heures pour se procurer du papier toilette… »

Sevré depuis peu, Williams était à présent père de famille. Et il se découvrit une nouvelle passion qui lui permettrait de tenir le coup dans les moments difficiles : le vélo.

Il était parvenu à rester sain pendant près de vingt ans. Malgré tout, ses démons n'allaient pas le laisser tranquille, car une nouvelle crise éclata dans sa vie privée. Encore à propos d'une femme, mais cette fois, une femme qui allait le traîner devant les tribunaux. Robin fit la connaissance de Michelle Tish Carter, une serveuse (tout comme Valérie, quand il l'avait rencontrée), un soir qu'il jouait à l'Improv, un café-théâtre de Los Angeles. Ils eurent une liaison qui dura. Avant de déraper en beauté.

Un beau jour, en 1986, Michelle poursuivit Robin en justice sous le motif qu'il lui avait transmis le virus de l'herpès, sans l'avoir prévenue qu'il en était infecté. Tout ce tapage pour obtenir 2 millions de dollars ! Ce fut une affaire lamentable très embarrassante, que les avocats de Williams qualifièrent de « liaison financière » (*Liaison fatale*, le film d'une rencontre anodine qui dégénère, venait justement de sortir au cinéma).

Ce procès allait donner une mauvaise image aux deux parties. L'affaire fut finalement réglée en marge des tribunaux, Robin trouvant le moyen de ne jamais reconnaître ni nier être porteur du virus.

Ce genre de procès n'avait rien d'exceptionnel à l'époque. C'étaient les années 1980, le sida et les maladies sexuellement transmissibles faisaient la une des journaux, et une grande partie des adultes étaient terrifiés par ces virus. De grands débats occupaient les médias, et une campagne d'information mettait en garde les partenaires sexuels des dangers de ces maladies. Il fallait avant tout leur faire prendre conscience du besoin de communiquer entre eux, afin d'éviter toute transmission du virus. Robin et Michelle furent contraints de reconnaître publiquement qu'aucun d'eux n'avait jamais demandé à l'autre s'il était porteur d'une MST. Philip Ryan, l'avocat de Williams, prétendit que dans ce cas, tout individu qui ne pose pas la question et n'insiste pas sur l'utilisation de préservatifs accepte de courir un risque. Sinon, déclara-t-il, ces affaires allaient « créer un ménage à trois judiciaire » et ouvrir les tribunaux « à tous les amants éconduits dont la relation s'achève de façon inattendue ».

Robin garda un silence digne au sujet du virus, mais ne put s'empêcher de faire allusion à cette effervescence dans ses spectacles : « Comme nous le savons tous, il y a "cette autre chose" tapie dans l'ombre. Ce qui signifie qu'il faut désormais porter des préservatifs. Vous savez ce que c'est, le préservatif ? Le bonnet de bain de l'amour ! Un moyen prophylactique, du latin *prophylactorum*, qui signifie "étrange petit accessoire de fête" ! Je sais que vous détestez ça. Dans le feu de l'action, on n'a pas envie de casser l'ambiance et de dire : "Arrêtons-nous un instant pour gonfler un ballon." » Cette dédramatisation fit beaucoup rire la salle.

Williams n'était pas stable, même à cette époque, où il avait pourtant cessé l'alcool et la drogue. Son côté hystérique continuait à alimenter son talent de comédien, mais malheureusement, c'était aussi ce qui l'empêchait de trouver la paix. Même ses plus grands admirateurs avaient du mal à admettre son attitude envers les femmes pendant ce procès, car les dégâts qu'il avait occasionnés étaient déjà trop profonds : celui qui courait après l'amour faisait souffrir celle qui lui en donnait, sa femme. Et publiquement, qui plus est.

Malgré un divorce inéluctable, il continua néanmoins à travailler, cette fois sur une adaptation du roman *Au jour le jour,* de Saul Bellow, intitulée au cinéma *Le Pouvoir de l'argent* (1986). Une fois de plus, le film rencontra un certain succès, mais n'enflamma pas les foules. « Robin Williams est à la hauteur de son rôle, écrivit John Leonard dans le *New York Magazine*. Il met son énergie comique au profit d'un travail d'introspection et parvient à se faire corrosif. Ses sourires en coin font place à la souffrance, quand il mange ses cigarettes et prend ses cachets. Son interprétation étant oppressante et juste, nous sommes abattus par son impuissance et son désespoir. Et qu'a-t-il précisément à se reprocher ? D'avoir déçu son père ? D'avoir changé de nom ? D'être allé à Hollywood ? De vouloir à tout prix qu'on l'aime ? De ne pas être à sa place ? Il ne faut peut-être pas s'étonner qu'avec tout ça, Williams ne parvienne pas à nous réconcilier avec l'idée de la mort. »

En 1985, Robin présenta la première édition du Comic Relief aux États-Unis, une soirée caritative pour les sans-abri qui permit de recueillir plus de 50 millions de dollars, avec Whoopi Goldberg et Billy Crystal.

Deux ans plus tard, *Good Morning, Vietnam* sortait au cinéma. Personne n'aurait pu prédire à cette époque que ce film lui permettrait de devenir l'acteur reconnu et adulé qu'il fut ensuite. Il pouvait enfin valoriser son talent.

Vaguement inspirée de la vie d'Adrian Cronauer, un animateur de la radio AFRS, l'intrigue aurait pu être écrite pour Robin, tant elle était adaptée à son jeu si particulier. Et tout comme lors des tournages de *Mork & Mindy*, on l'encouragea à improviser.

Le film fut un succès mondial. Robin reçu un Golden Globe pour son interprétation et fut nommé aux Oscars (il ne l'obtint pas cette fois-là, mais ça ne tarda pas à arriver), au BAFTA britannique et au Sant Jordi Award à Barcelone, dans la catégorie « meilleur acteur étranger ». Le film, et d'autres membres de l'équipe de tournage, remportèrent des distinctions. Sans parler des critiques, qui l'adorèrent : « Ne vous méprenez pas, l'interprétation de M. Williams, même si elle est parfois désopilante, est celle d'un acteur de talent. Il accomplit dans *Good Morning, Vietnam* une véritable prouesse », écrivit Vincent Cany dans le *New York Times. Time Magazine* qualifia le film de « meilleure comédie militaire depuis *MASH* »... Dans *Variety*, on put lire : « De surprise en surprise, ce film nous tient en haleine du début à la fin. Il n'y a aucun temps mort ». « Des conditions parfaites pour Robin Williams et ses qualités incomparables d'artiste comique », déclara Stephen Carty, dans *Flix Capacitor*.

Certaines chroniques furent encore plus dithyrambiques : « La comédie dramatique de Levinson sur le Vietnam est avant tout un terrain de jeu fantastique pour le comédien Robin Williams, qui interprète l'animateur radio Adrian Cronauer durant les premières années de la guerre, avec une énergie incomparable », reconnaît Emanuel Levy, critique de cinéma. « N'offrant qu'un aperçu éculé de la guerre, ce film n'est rien d'autre qu'un drame indigeste. Mais les monologues enflammés de Williams derrière son micro méritent le détour », écrivit Geoff Andrew dans *Time Out*. « *Good Morning, Vietnam* est la preuve que Robin Williams peut être sérieux et hilarant dans le même film », plaide à son tour James Plath, dans *Movie Metropolis*.

Avec une certaine ironie, l'acteur reconnut que si le film avait eu autant de succès, c'était parce qu'il était resté lui-même. « Jusqu'alors, il y avait eu une frontière nette entre le jeu d'acteur et la comédie, expliqua-t-il au *New York Times* en 1988. Barry (Levinson, le réalisateur) me disait : "Inutile de chercher à être drôle, là." Quand j'étais plus jeune, je me disais toujours : "Il faut que j'insiste, que ce soit plus drôle." J'avais peur de ne pas faire rire mon public. »

Il était aussi convaincu que la thérapie qu'il suivait depuis deux ans lui avait permis de percer en tant qu'acteur : « Elle m'a permis de me montrer plus vulnérable, et je crois que ça se voit à l'écran. Je suis persuadé qu'elle m'a aidé à travailler plus en profondeur. Le succès vous met au sommet de la chaîne alimentaire, comme la vie dans la mer précambrienne. Il existe une sorte de chaîne alimentaire des scénarios, et le succès donne accès aux meilleurs d'entre eux. » C'était d'autant mieux, disait-il, car « c'est un film difficilement classable. Enfin, comment peut-on décrire une production avec des éléments à la fois amusants et sérieux ? Une "dramédie" ? Non ! Une minicomédie ? Non ! Une farce tragique ? Non !

Une comédie noire ? Non plus ! Alors, qu'est-ce que c'est ? »

Il fut ravi que le film plaise aussi aux anciens combattants du Vietnam. « Personne ne m'a dit : "Eh, j'y étais, moi, en 1965, et pas toi. Tu n'as pas le droit de faire ce genre de film." Il existe encore des ambiguïtés sur cette guerre, des non-dits, car les États-Unis sont habitués à vaincre l'adversaire, et on ne peut pas dire qu'ils aient gagné, cette fois-là... Mon numéro d'incorporation était le 351, et ils ont cessé d'appeler les gens à partir de 120. J'ai été un petit Blanc bien chanceux ! Avec un numéro pareil, il aurait fallu que les Vietcongs arrivent sur Mulholland Drive pour qu'on me demande d'aller me battre contre eux ! J'aurais très bien pu être appelé sous les drapeaux, ajouta-t-il. Mon père était dans la marine et mon frère dans l'armée de l'air. »

Il connaissait enfin le succès après lequel il courait depuis plusieurs années. À ce jour, *Good Morning, Vietnam* est encore considéré comme l'un des moments clés de sa carrière.

En marge de ce succès, en 1988, le divorce de Robin et Valérie fut enfin prononcé. Les détails précis de leur séparation demeurent inconnus, mais selon la rumeur, il aurait accepté de lui verser 50 000 dollars par mois (Williams était en passe de devenir extrêmement riche), en plus d'un versement unique de plus de 518 000 dollars provenant d'un compte d'intéressement auquel il avait souscrit. Mais là encore, ce fut extrêmement compliqué. « Bien sûr que je suis content de ce film, dit-il à *People*. Mais, en ce moment, dans ma vie privée, j'ai l'impression d'être un hémophile dans une fabrique de rasoirs. » Il ne plaisantait pas, cela faisait un moment que ça couvait.

Née le 18 juin 1956, Marsha Garces était philippine de par son père, Leon Garces, né à Ubay dans la province de Bohol. Il s'était installé aux États-Unis en 1929, avant de servir dans la marine américaine durant la Seconde Guerre mondiale. Sa mère, Ina Rachel Mattila, était finlandaise. Marsha grandit à Shorewood, dans le Wisconsin, et suivit une formation de peintre avant de trouver un poste de serveuse, et de se marier deux fois. Puis, en 1984, elle commença à travailler comme nourrice pour le petit Zak, chez les Williams…

À l'arrivée de Marsha dans la famille, Robin n'avait déjà pas le moral, et son mariage se délitait. Mais on s'accorde à dire que leur relation ne débuta qu'en 1986, quand Marsha devint officiellement sa secrétaire. En 1987, Robin et Valérie se séparèrent en toute discrétion, après un accord de garde partagée pour Zak. À partir de là, il y avait de grandes chances pour que Marsha et lui finissent par se marier… « Elle fait chanter mon cœur », déclara-t-il un jour.

Quelles que soient les raisons de cette situation, Robin était très heureux avec la jeune femme. « Marsha est son point d'ancrage, constata son amie Pam Dawber, avec qui il avait partagé l'écran. Elle incarne la réalité. Elle est très équilibrée, et c'est ce dont il a besoin. Elle est aussi tendre et protectrice. Elle connaît ses fréquentations et sait laquelle sera bonne ou mauvaise pour lui. Elle s'efforce de faire aller leur relation dans le bon sens. »

Elle était à son côté en Thaïlande, lors du tournage de *Good Morning, Vietnam*. « C'était celle qui travaillait le plus dur, sur le plateau, déclara le producteur du film, Mark Johnson. Elle était là pour lui vingt-quatre heures sur vingt-quatre. Elle l'aime passionnément. » Elle le soutint également en 1987, à la mort de son père. Ils entretenaient peut-être une relation difficile, mais la perte d'un parent est toujours traumatisante, et Robin avait besoin de tout l'amour d'une femme.

Bien sûr, Robin avait déjà un enfant dans sa vie, Zak, envers qui tout le monde tenta d'agir de manière aussi civilisée que possible : « Il est merveilleux, déclara Robin en 1988, dans une interview pour *People*. C'est la plus belle chose qui me soit arrivée. Il est blond. Il a les yeux bleus de Valérie. Mon menton. Des lèvres charnues. Il a une imagination très fertile et adore les chiffres. On dirait parfois un comptable juif de 40 ans. Ou Damien, dans *La Malédiction*. Par moments, il me fait penser à un ange sans ailes. Il est toujours très expressif. Aujourd'hui, je l'ai emmené au restaurant pour déjeuner. C'était bruyant, et il n'aime pas ça. "Il faudra qu'on revienne un jour, a-t-il dit avec beaucoup de tact, quand il y aura moins de monde." Et il est assez casanier. Quand je l'ai emmené faire du camping, il m'a dit : "Il faut qu'on trouve une chambre avec un frigo plein." »

Mais comment Zak supportait-il la séparation de ses parents ? « Il s'adapte très facilement, insista Robin. Et on fait en sorte que ça fonctionne. Nous adorons Zachary, et il nous aime. Nous suivons également tous une thérapie, et ça nous aide beaucoup. Mince, ils pourraient me faire un prix ! Valérie et moi nous entendons bien. La séparation a été difficile, mais elle s'est faite en douceur. Mieux vaut que ça se passe comme ça. »

Valérie était du même avis. « Robin s'est très bien conduit, confia-t-elle à *People*. Nous agissons tous les deux dans l'intérêt de Zak. Nous nous sommes séparés pour faire le point sur nos vies. C'est un moment d'introspection pour tous deux. Je fréquente quelqu'un d'autre, mais je vis seule, et cette situation me convient. »

Le divorce se passa donc en douceur, mais même si tout le monde tentait de rester civilisé, les critiques ne tardèrent pas à fuser. Au fil du temps, Robin réussit à dissiper certaines rumeurs. « Mon premier mariage ne s'est pas terminé à cause de Marsha, insista-t-il auprès d'un journaliste du *LA Times*. Il était déjà en lambeaux avant que nous ne tombions amoureux, et Valérie avait déjà rencontré quelqu'un d'autre. Marsha, c'est celle qui m'a permis de remonter la pente. C'est quelqu'un de délicat et de génial. »

Fort du succès de *Good Morning, Vietnam*, Williams prit part à ce que l'on ne peut que considérer, avec le recul, comme étant une très mauvaise idée. Mais l'on peut facilement comprendre pourquoi le concept lui a plu à l'époque. En novembre 1988, avec l'excellent acteur et humoriste Steve Martin, il fut la vedette de la pièce classique de Samuel Beckett *En attendant Godot*, au Lincoln Center de New York. Mise en scène par Mike Nichols, elle resta sept semaines à l'affiche et les réservations furent très vite épuisées, à tel point que les places ne furent jamais réellement proposées à la vente au public. Financièrement, au moins, ce fut une réussite.

Le raisonnement était évident : deux grands comiques et acteurs jouant dans une grande pièce à l'humour grinçant. Deux vagabonds attendant Godot qui ne viendrait jamais. Il y avait de nombreux précédents : il n'était pas rare que des stars d'Hollywood participent à des productions théâtrales de second ordre, ne serait-ce que pour prouver qu'elles en étaient capables. Elles étaient même prêtes à accepter de petits cachets pour montrer qu'elles étaient capables de souffrir pour leur art (… et qu'elles n'avaient pas besoin d'argent !). Mais s'il y a un auteur qui ne laisse aucune place à l'improvisation, c'est bien Samuel Beckett, dont chaque virgule a son importance. Et c'est là que Robin Williams eut tout faux…

Les critiques furent sans pitié. « Le désir ardent [de Williams et Martin] d'être reconnus, et leur volonté permanente de réduire la vie à ses travers auraient pu bénéficier à l'interprétation de la pièce, écrivit William A. Henry III dans *Time Magazine*. Au contraire, ils ont réduit cette tragédie existentialiste du XXe siècle à une succession de sketches lénifiants sur les sans-abri. Le principal coupable en est Robin Williams. Quand l'esclave Lucky se lance dans son long discours angoissé, Williams mime l'ennui présumé du public que l'on oblige à réfléchir. Il gambade. Il tape du pied. Il remet un os à cet esclave comme s'il s'agissait d'un oscar, en lui disant : "Remercie l'Académie." Quand Martin feint d'être mort, Williams se penche au-dessus de lui en lui chuchotant un nom d'animal : "Didi, Didi", avant d'entonner l'air de *La Quatrième Dimension*. Martin ne se montre jamais aussi outrancier, mais son air et sa diction décontractés l'empêchent d'habiter son personnage. » … Aïe !

« La pièce propose de nouveaux textes, qui ne sont que vulgarité et propos déplacés, fulmine John Simon dans les pages du *New York Magazine*. Nombre d'entre eux sont interprétés par Vladimir et Estragon durant le monologue de Lucky, afin de tenter de l'interrompre. Entre les mains d'Estragon, les mâchoires de coyotes deviennent des claps de cinéma et, en contemplant le crâne de Yorick, Robin Williams murmure un "Hélas !" très hamlettien. Il manie également un os de grande taille en prononçant des paroles qui siéraient à une représentation de remise des oscars, et poursuit avec ses bruitages habituels, imitant le *buzzer* d'un jeu télévisé, et produisant toutes sortes de prouesses vocales, comme s'il s'agissait de *Good Morning, Godot.* » Aïe, aïe !

« En transformant le régal d'ironie agnostique de Beckett en une série de sketches, on menace de faire de *Godot* un prétexte pour les pitreries préférées de Martin et Williams, déclara sèchement W.J. Weatherby dans le *Guardian*. Dans un film, Steve Martin a récemment transformé Cyrano en Américain d'aujourd'hui avec un long nez, et voilà qu'il réitère l'opération avec Vladimir. N'ayant pas vu Mike Nichols monter sur scène pour demander à Williams ce qu'il fichait, il ne fait aucun doute que ce dernier a reçu l'aval du metteur en scène pour ses improvisations. Mais on est en droit de se demander quelle sera la réaction de l'auteur, à Paris, quand il apprendra la nouvelle. »

Frank Lipsius, du *Financial Times,* se montra un peu moins incisif : « La nonchalance et le cynisme de leur génération rendent-ils justice à l'œuvre de

Beckett ? La réponse est “oui”, en dépit de libertés que l’auteur verra sans aucun doute d’un mauvais œil, car chacun sait que c’est un puriste quand il s’agit dc la mise en scène de ses pièces. Une seule fausse note est à déplorer, à la fin de l’Acte I, lorsque Robin Williams, qui incarne Estragon, se met à gémir inutilement quand la lumière s’éteint sur leur incapacité à bouger. Pourtant, tout au long de la pièce, celui-ci se livre à une véritable pantomime avec peu de références au texte. »

Martin et Williams, qui venait de triompher avec *Good Morning, Vietnam*, n’étaient pas habitués à de telles réactions. Toutes ces déclarations au sujet de la pièce les blessèrent, à tel point que Robin revint sur le sujet quelques années plus tard. « C’est douloureux, déclara-t-il dans *Playboy*. On se décarcasse, et on nous le reproche. Certains soirs, j’improvisais un peu, ce qui contrariait les fans les plus endurcis de Beckett. Nous avons joué cette pièce comme une troupe de comédiens. Ça n’avait rien d’existentiel. Comme deux acteurs de vaudeville qui feraient leur numéro. Au fond, c’est du Laurel et Hardy. C’est de cette manière que Beckett l’a mis en scène en Allemagne. »

Mais il n’avait aucune inquiétude à avoir. Malgré les épreuves qu’il venait de traverser, Robin Williams était encore l’un des acteurs les plus convoités du monde. Tout le monde se l’arrachait et il pouvait désormais choisir les films dans lesquels il voulait jouer. Il avait le vent en poupe, et ne tarderait pas à connaître son heure de gloire.

> *« Quelle heure c'est-xe ? Six heures pile. Sex-appeal. À pile ou face, question de goût. À propos de goût, je te remercie, mon Gros-Magnon, pour ta présentation historique. On aurait cru que tu présentais Peggy Lee !*[8] »
>
> ADRIAN CRONAUER (Robin Williams),
> *Good Morning, Vietnam*, 1987

---

8. « *Goooooooood morning, Vietnam ! It's 0600 hours. What does the "O" stand for ? Oh my God, it's early ! Speaking of early, let's hear it for that Marty Lee Drywitz. Silky-smooth sounds, making me sound like Peggy Lee…* »

– 8 –

Au sommet

« Ô capitaine ! Mon capitaine ! »
Le Cercle des poètes disparus, 1989

Mis à part le fiasco d'*En attendant Godot*, à la fin des années 1980 et au début des années 1990, Robin Williams était au sommet de son art. *Good Morning, Vietnam* avait ouvert les vannes, et les succès s'enchaînèrent alors à toute allure. Au total, il allait tourner dans plus de soixante films, dont certains peu mémorables ou – pire, au regard de certains – bien trop fleur bleue. Mais les plus remarquables rivalisaient avec les meilleurs films de tous les temps. *Le Cercle des poètes disparus* (1989) fait incontestablement partie de cette dernière catégorie.

Réalisé par Peter Weir, sur un scénario de Tom Schulman, ce film raconte l'histoire d'un enseignant charismatique, John Keating (Williams), qui bouleverse les méthodes d'enseignement établies. Il invite ses étudiants – Neil Perry (Robert Sean Leonard), Todd Anderson (Ethan Hawke), Knox Overstreet (Josh Charles), Charlie Dalton (Gale Hansen), Richard Cameron (Dylan Kussman), Steven Meeks (Allelon Ruggiero) et Gerard Pitts (James Waterston) – à l'appeler « Ô capitaine ! Mon capitaine ! », en référence au poème de Walt Whitman, et les persuade d'arracher l'introduction de leur manuel de poésie.

Cette histoire touchante (même si elle laissait entendre que l'originalité conduisait au renvoi si vous étiez professeur, et à la mort si vous étiez étudiant) fut l'un des plus grands succès de la carrière de Robin Williams. Les critiques furent presque unanimes : le journaliste du *Washington Post* qualifia le film de « divertissement efficace et intelligent » et encensa Robin pour « son interprétation tout en retenue ». Vincent Canby, du *New York Times,* qualifia son jeu d'« exceptionnel » et fit remarquer que « *Le Cercle des poètes disparus* se focalise bien moins sur Keating que sur une poignée de garçons influençables ». Pauline Kael eut des doutes quant au caractère à la fois intellectuel et grand public du film, mais fit l'éloge du jeu de Robin : « L'interprétation de Williams est la plus

New York. À l'annonce de la mort de Robin Williams, les lumières sur Broadway furent tamisées, et un écran géant fut installé sur Times Square, en hommage à l'artiste.

© Getty Images

Pam Dawber et Robin Williams, vedettes de la sitcom *Mork & Mindy* qui les rendit célèbres. Dans ses interprétations loufoques – il porte ici un peignoir de femme, une toque de fourrure et des lunettes de soleil –, Williams mettait aussi bien en valeur son jeu d'acteur que ses talents d'humoriste.

Williams fut marié à Valerie Velardi pendant une dizaine d'années. Mais les aléas de la vie de star, et surtout l'étalage de leur intimité dans tous les journaux, contraignirent le couple à divorcer.

Habitué des Golden Globes, Williams était respecté par ses pairs et par la critique. Il a remporté des récompenses individuelles, dont le fameux Cecil B. DeMille Award – l'un des plus convoités de la profession – pour sa « contribution exceptionnelle au monde du divertissement ».

Au côté de jeunes étoiles montantes du cinéma : Ben Affleck et Matt Damon. *Will Hunting* a remporté trois Oscars.

Sa famille – et surtout ses trois enfants – valait tout le succès du monde. La paternité a aussi grandement inspiré ses spectacles de stand-up.

© WireImage

Williams, qui n'est pas du genre à se prendre au sérieux, se fait arroser pour Nickelodeon, une chaîne dédiée aux enfants (2006).

© FilmMagic

Christopher Reeve – ancien camarade de classe et excellent ami de Williams – rend hommage, dans son livre, à celui qui l'a tant aidé après son accident. Ils étaient « plus proches que des frères ».

© FilmMagic

Génie de l'improvisation, Williams pouvait inventer son texte sur le moment, que ce soit dans *Aladdin* ou dans *Good Morning, Vietnam*…

© AFP/Getty Images

Williams, au côté de la mascotte du film d'animation *Happy Feet*, l'un des plus grands succès de la fin de sa carrière.

Invité incontournable des talk-shows, Williams signe des autographes avant de participer au *Late Show* de son vieil ami David Letterman (2013).

Quelle que soit la scène sur laquelle il joue, Williams est à l'aise. Ses talents d'humoriste furent récompensés en 2012 lors des Comedy Awards.

Williams avait trouvé le bonheur auprès de Susan Schneider, qu'il avait épousée en 2011.
© FilmMagic

Williams et l'une de ses légendaires mimiques, à l'occasion de son spectacle *Stand Up for Heroes*, en 2012, à New York.

Peu après l'annonce de la mort de Williams, les fans furent nombreux à lui rendre hommage sur le Walk of Fame, à Hollywood.

élégante qu'on lui ait jamais connue, il est entièrement absorbé par son rôle. Il récite son texte à la perfection, et lorsqu'il mime des acteurs jouant Shakespeare, il s'abstient de toutc cxagération, se contentant d'interpréter un professeur qui fait la démonstration de ses talents. »

Roger Ebert se montra plus prudent, craignant que le côté comique de Williams ne transparaisse dans son jeu, et évoqua une « série de vaines banalités » : « Le film manifeste un intérêt de pure forme pour des qualités et des valeurs que – le scénario en est la preuve – il est prêt à abandonner sans la moindre hésitation. »

Les distinctions se mirent à pleuvoir. *Le Cercle des poètes disparus* remporta l'oscar du meilleur scénario original, tandis que Williams, le réalisateur Peter Weir et le film lui-même furent nominés aux mêmes Oscars. S'ensuivirent différentes autres nominations et plusieurs Bafta, sans parler des récompenses venues du monde entier. La célèbre réplique « *Carpe diem.* Saisissez l'occasion, les gars. Donnez à vos vies un sens extraordinaire », fut élue quatre-vingt-quinzième meilleure citation de film par l'American Film Institute. Même le titre fut reconnu à sa juste valeur, alors que l'on craignait qu'il soit difficile à accepter pour le grand public. Pour la petite anecdote, Harrison Ford déclara qu'il ne pouvait pas y avoir pire titre de film, à l'exception, peut-être, du *Cercle des poètes disparus... en hiver*. Mais les craintes furent rapidement dissipées.

Peter Weir confia qu'il avait dû tenir Williams sous haute surveillance pendant le tournage : « L'humour de Keating devait faire partie de sa personnalité, expliqua-t-il au magazine *Première* en 1989. Robin et moi nous sommes mis d'accord dès le départ sur le fait que son personnage n'était pas un comique. Ce serait allé à l'encontre du film. Il aurait été très facile pour lui de faire rire les gamins. Il a fallu faire des pauses, de temps à autre. » Il lui lâcha toutefois la bride dans la scène de Shakespeare. « J'ai allumé deux caméras, naturellement, et je me suis contenté de dire : "Les gars, la scène qui suit n'a pas été préparée. Traitez Robin comme s'il était votre professeur, et réagissez en conséquence. Et n'oubliez pas que nous sommes en 1959." » Weir innova dans la direction d'acteurs : il imposa à ses sept interprètes de se livrer à un sport d'équipe avant le début du tournage, afin de créer entre eux un lien essentiel pour le film.

À cette époque, Robin, le héros du moment, était sur un petit nuage. Sa vie amoureuse était au beau fixe : le 30 avril 1989, il épousa Marsha qui, peu de temps après, donna naissance à leur fille, Zelda Rae Williams. Comme chacun le sait, Zelda doit son nom à la princesse du jeu vidéo *La Légende de Zelda*. Robin a toujours été un passionné de jeux, même s'il avoua plus tard que ce prénom était l'idée de Zak. Il en était ravi. Le second enfant du couple, Cody Alan Williams, vint au monde en 1991.

Enfin, Robin jouait désormais dans des films qui faisaient parler d'eux. Le suivant fut *L'Éveil* (1990), mis en scène par Penny Marshall, l'amie de John Belushi, et inspiré de l'histoire du neurologue britannique Oliver Sacks. Celui-ci, devenu dans le film un Américain du nom de Malcolm Sayer (Williams), découvrit que l'on pouvait utiliser la L-Dopa – connue aussi sous le nom de levodopa – pour traiter les survivants de l'épidémie d'encéphalite léthargique (EL) de 1917 à 1928.

Malgré un sujet difficile à adapter à l'écran, la critique fut unanime : il s'agissait là d'un long-métrage de bon goût. Et cette fois encore, les éloges furent nombreux. « Après avoir vu *L'Éveil*, j'ai lu le livre pour en savoir plus sur les événements qui s'étaient produits dans cet hôpital du Bronx, écrivit Roger Ebert dans le *Chicago Sun-Times*. Le livre et le film rendent hommage à l'immense courage des patients et à l'expérience de leurs médecins, qui, d'une certaine façon, ont revécu ce que cela peut signifier de naître, d'ouvrir les yeux et de se redécouvrir en vie. »

« *L'Éveil* a été réalisé avec sensibilité et bon goût, écrivit David Denby dans le *New York Magazine*. Pas de racolage ni de sensationnalisme, contrairement à *Vol au-dessus d'un nid de coucou.* Les patients sont toujours traités comme des êtres humains, et non comme l'objet d'un spectacle, même si, en fait, la singularité de leurs symptômes est l'élément le plus saisissant du film. Williams, qui a mis de côté son air adorable de joueur de flûte qui rendait si ennuyeuse son interprétation dans *Good Morning, Vietnam* et *Le Cercle des poètes disparus*, fournit ici un travail des plus sérieux. Avec sa grosse barbe, il se tient légèrement voûté, comme pour se protéger du froid. »

Oliver Sacks, auteur en 1973 des mémoires dont le film s'inspire, fut toutefois « ravi ». « J'ai l'impression que, d'une certaine manière, De Niro a compris la gravité de la maladie de Parkinson. À tel point que par la suite, quand il nous arrivait de dîner ensemble, je le voyais replier son pied ou se pencher d'un côté, comme s'il était toujours dans son rôle. J'ai trouvé très poignante cette façon dont tous les éléments symptomatiques ont été assemblés. Même si, par moments, on a donné aux événements un caractère par trop sentimental ou simpliste. »

Il a également beaucoup aimé l'interprétation de Williams. « Robin sait comment nous toucher, comment faire appel à nos rêves, à nos fantasmes les plus secrets, reconnaît-il dans les colonnes du *New York Magazine*. Quand il incarne un personnage, il me fait penser à Theodore Hook, ce génie du début du XIXe siècle qui pouvait improviser un opéra en interprétant tous les rôles. Mais Hook, qui buvait beaucoup, n'a jamais pris le recul nécessaire et est mort jeune, à l'âge de 52 ans. Robin, en revanche, maîtrise parfaitement son talent. Il n'en est pas victime. » À la lumière de ce qui allait se produire vingt-cinq ans plus tard, il s'agissait d'un commentaire visionnaire.

L'admiration était réciproque, comme en témoigne Robin en 2013, citant ce rôle comme son préféré dans une interview pour *Reddit* : « Incarner Oliver Sacks dans *L'Éveil* fut un véritable cadeau, cela m'a permis de faire sa connaissance et d'étudier le cerveau humain en profondeur. Oliver écrit sur le comportement humain de manière subjective, et ça, pour moi, ce fut le début d'une nouvelle passion. »

Toutefois, la critique ne fut pas unanime, et Janet Maslin du *New York Times* ne se laissa pas favorablement impressionner : « *L'Éveil* cherche plus à conserver un entrain déplacé qu'à convaincre son public. »

Certes, Williams était désormais considéré comme un acteur remarquable, mais son choix du film suivant en étonna plus d'un : il allait interpréter un Peter Pan adulte, dans *Hook* (1991). Il assista à l'une de ses représentations pour la première fois à l'âge de 38 ans, après avoir signé avec le réalisateur Steven Spielberg. La distribution du film était fabuleuse : Dustin Hoffman (le capitaine Crochet), Julia Roberts (la fée Clochette), Bob Hoskins (M. Mouche) et

Maggie Smith (Wendy adulte), mais certains considérèrent que le concept, le fait que Peter Pan ait grandi et soit devenu Peter Banning, un avocat d'affaires marié, père de deux enfants ayant oublié sa propre enfance, était trop tiré par les cheveux. Le film fut un succès commercial (même s'il resta en-deçà des prévisions), mais fut un échec critique, et porta un coup à la carrière de Williams.

Ce fiasco inattendu fut aussitôt contrebalancé par ce que certains fans et critiques considèrent comme le meilleur rôle de Williams, *The Fisher King* (1991). Écrit par Richard LaGravenese et mis en scène par Terry Gilliam, ce film fantastique aurait pu aisément s'égarer. Mais ce ne fut pas le cas, et à l'instar de Williams, son personnage – un sans-abri à la recherche du Saint-Graal – était loufoque et inattendu.

Ce ne fut pas le plus grand succès de Williams au box-office, même s'il s'en tira honorablement, mais les critiques l'adorèrent. « *The Fisher King* nous propose deux acteurs au sommet de leur forme [le second est Jeff Bridges], ainsi qu'une histoire fascinante parfaitement mise en scène », s'enflamma *Variety*. « Fascinante, souvent prétentieuse et extrêmement fluide (les 2 h 17 passent sans la moindre difficulté), cette comédie dramatique mythique nous est présentée par un Gilliam mi-devin mi-charlatan, qui laisse planer un mystère provocateur sur ses personnages », écrivit Jonathan Rosenbaum dans le *Chicago Reader*. « Même si le mélange de comédie, de fantastique et de drame ne passe pas toujours très bien, ce film aussi touchant qu'original mérite le déplacement », fut l'avis de Jo Berry dans *Empire Magazine*.

« Malgré les contraintes imposées par les gros studios, Gilliam s'est surpassé, c'est un conteur d'histoires et un merveilleux metteur en scène », écrivit David Ansen dans *Newsweek*. « Un joyau unique aussi émouvant que drôle. Bridges nous prouvant une fois de plus à quel point il est un acteur mésestimé, tandis que Williams est au top de sa forme », déclara Chuck O'Leary de FulvueDrive-In.com. Et, pour finir, « *The Fisher King* met l'accent sur le rôle des contes de fées dans nos vies, et sur la façon dont le fantastique nous aide à mieux comprendre la réalité », conclut Jeffrey Overstreet.

Grâce à ce film, Williams fut de nouveau nominé aux Oscars (même s'il figurait une fois de plus au second plan). Tandis que sa partenaire à l'écran, Mercedes Ruehl qui interprétait Anne, remporta l'oscar du meilleur second rôle féminin et un grand nombre de récompenses diverses. Le film obtint d'autres nominations aux Oscars et sur la scène internationale, mais Williams dut se contenter du Golden Globe Award du meilleur acteur. Quant à Terry Gilliam, il remporta le People's Choice Award du Festival du Film International de Toronto. Ce fut un nouveau triomphe international.

Robin Williams poursuivit néanmoins ses tâtonnements. S'ensuivit *Toys* (1992), un autre film fantastique avec une belle distribution, dont Michael Gambon, Joan Cusack, Robin Wright et Jamie Foxx, dans sa première apparition au cinéma. L'intrigue tourne autour d'un homme qui a conservé son âme d'enfant et qui est devenu patron d'une fabrique de jouets. « *Toys* est un film fantasque, presque une comédie musicale sans musique, avoua Williams au *New York Times*. J'espère que ce voyage plaira au public. » Mais ce ne fut pas le cas. On considéra ce long-métrage comme un échec, à la fois critique et commercial, les principaux reproches étant adressés au réalisateur Barry Levinson. Compte tenu du fait qu'il avait également mis en scène *Good Morning, Vietnam* et *Rain Man* en 1988, on se demanda pourquoi ce projet avait si mal tourné.

Si ce film fut « un échec, c'est parce que tous ceux qui ont été impliqués dans sa réalisation ont eu l'impression d'être en mission divine, sans se rendre compte qu'ils faisaient fausse route, expliqua Kenneth Turan dans le *Los Angeles Times*. Même Robin Williams, qui propose une voix si débordante de vitalité dans *Aladdin*, est ici en pilotage automatique, béat, préférant se montrer chaleureux et câlin, alors qu'on attend de lui une débauche d'énergie (comme, paradoxalement, la bande-annonce le laisse entendre). Ce film semble dénué de vie. »

« *Toys* est un film ambitieux, écrivit Peter Travers dans *Rolling Stone*. Il est aussi fantaisiste, évident, et pavé de bonnes intentions. Sans parler du fait qu'il est surproduit et trop long. »

Mais chaque échec est assorti d'un succès. Williams figura en effet à l'affiche du susmentionné *Aladdin* (1992), du moins pour sa voix. Le rôle du génie et colporteur fut écrit spécifiquement pour lui. Un risque, car il aura fallu déployer beaucoup d'énergie pour qu'il accepte ce rôle. Au départ, il ne voulait pas travailler pour Disney. Résultat, deux des auteurs, Ron Clements et John Musker, qui étaient également les producteurs et réalisateurs du film, créèrent une bande d'animation du génie qu'ils associèrent aux spectacles de Robin. Celui-ci trouva l'idée si drôle qu'il finit par accepter de donner sa voix. Il improvisa également une grande partie de son texte, produisant trente heures de bande, qu'il fallut couper pour coller au film. Il avait profité de l'occasion pour imiter, entre autres, Jack Nicholson, Carol Channing, Ethel Merman, William F. Buckley Jr., Robert De Niro (*Are you talking to me ?*) et Pinocchio. « J'improvisais, et quand les animateurs arrivaient, ils éclataient de rire, ça a évolué de cette façon, expliqua-t-il au *New York Magazine*. À l'époque où nous vivons, avec toutes ces conneries qui nous entourent, c'est génial de pouvoir rire et d'être libre. Je me sentais merveilleusement bien. C'est pour ça que j'ai accepté. Et c'était un tel plaisir quand le film est sorti, et que des parents disaient : "Ça m'a autant plu qu'à mon fils." ! » Véritable tour de force, on estime que Williams a improvisé cinquante-deux voix différentes ! Au final, *Aladdin* fut le film le plus applaudi de l'année 1992.

Malheureusement, le film engendra une certaine animosité de la part des protagoniste du projet, notamment à cause de ce qui se produisit par la suite : pour différentes raisons, liées au fait que *Toys* devait sortir sur les écrans à peu près à la même période, Williams exigea que l'on ne se serve ni de son nom ni de son image pour la promotion, et qu'il n'occupe pas plus de vingt-cinq pour cent de l'espace publicitaire. Le studio refusa de suivre cet accord à la lettre, se servant de sa voix pour vendre des produits dérivés, provoquant ainsi une dispute largement relayée par les médias. Robin, qui avait accepté d'être moins payé qu'à l'ordinaire (ce qui était habituel pour un doublage de voix) refusa d'assurer la moindre promotion. Cela se résuma au fait qu'il avait accepté de jouer le jeu à condition qu'ils ne présentent pas l'acteur comme la star du film. Les producteurs n'avaient pas tenu parole.

Disney s'excusa publiquement, et offrit à Robin un Picasso alors estimé à un million de dollars, et qui doit certainement valoir beaucoup plus aujourd'hui. Mais ce fut un épisode malheureux qui lui laissa un goût amer. « Ce n'est pas comme si on ne s'était pas mis d'accord avant, se plaignit-il. Je ne suis pas là pour vendre quoi que ce soit. C'est la seule chose que je refuse de faire. Pour *Mork & Mindy*, ils ont lancé des poupées Mork. Je m'en moque, ils font ce qu'ils veulent de leur image. Mais la voix, c'est la mienne. Je leur ai donné une partie de moi. Quand ça s'est produit, je leur ai dit : "Vous savez, je ne fais pas ce genre de choses." Et ils m'ont présenté leurs excuses. »

Pendant son temps libre, Robin continuait le stand-up et interprétait ses numéros dans les nombreux talk-shows dont il était l'invité. Ses émissions étaient d'ailleurs devenues aussi drôles que ses spectacles. En 1992, il participa à *The Arsenio Hall Show*, et considéra que l'exercice n'était pas très éloigné de ce qu'il faisait sur scène. « Monter sur les planches, c'est une sorte de catharsis pour moi. Ça me permet d'évacuer mes propres craintes », déclara-t-il au *New York Times* peu après son retour de Grande-Bretagne.

Dans cette interview, il expliqua aussi à quel point l'actualité était importante dans ses numéros. « Ce soir-là, j'étais épuisé à cause du décalage horaire, mais je voulais vraiment réagir à toutes ces informations, dit-il à propos de son apparition dans l'émission. Je voulais parler des marines en Somalie qui tombent sur la presse en débarquant sur la plage. "Très bien, colonel, je voudrais que vous preniez ce nid de journalistes" ou "Méfie-toi, mon garçon, il a un flash !" Et de la famille royale. Quand j'étais en Angleterre, le château des Windsor a été victime d'un incendie, alors qu'il n'était pas assuré. Oh, zut, je suis désolé ! Demandons à la population de payer les huit milliards de livres nécessaires aux réparations. Et il n'y avait pas de système d'extincteurs automatiques. Oh, mince ! »

C'était amusant, et là non plus il ne manquait pas de dégager une certaine énergie. Ce n'était qu'une interview pour la presse écrite, après tout. Mais Robin semblait incapable de s'en empêcher, quelque chose en lui le poussait constamment à amuser son public, même quand les circonstances ne l'y obligeaient pas. C'était la marque d'un génie comique, d'accord, mais cela ne donnait pas l'impression d'un homme en paix avec lui-même.

Cela dit, il savait se montrer sérieux par moments, y compris, à cette époque, envers Marsha. Leur relation était alors très forte, Robin lui étant reconnaissant de l'avoir sorti d'une période difficile, et le portrait que l'on faisait de lui s'enfuyant avec la nourrice lui avait vraiment déplu. En fait, il en voulut énormément au magazine *People*.

« Ils m'ont tendu une embuscade, expliqua-t-il en 1992 au *New York Times*. Ça m'a fait beaucoup de tort. Et ça m'en fait encore. Il arrive qu'on me balance des plaisanteries sur les nounous. Ça me donne envie de hurler.

« Il y a eu un article sur les hommes qui quittaient leur femme quand ils devenaient célèbres. J'avais envie d'écrire à ce type et de lui dire : "Écoute, tu as peut-être tes théories ridicules, mais, la vérité, c'est que c'est ma femme qui est partie." Ça faisait un moment que mon mariage battait de l'aile. Marsha s'est contentée de me dire : "Écoute, mon vieux, pourquoi as-tu ces histoires ridicules ? Pourquoi te plains-tu tout le temps ? Réveille-toi !" Peu à peu, j'ai commencé à me rendre compte que j'étais quelqu'un de bien, et que tout ce qui s'était produit de merveilleux dans ma vie l'était grâce à elle. Les accusations contre elle étaient horribles. Non, ce n'est pas une briseuse de ménages ! C'est même tout le contraire. Elle m'a tiré du caniveau. »

Il était rare que Robin s'enflamme à ce point, et le fait qu'il se plaigne de plaisanteries alors qu'il dénonçait lui-même les travers des autres sans la moindre pitié prouvait que ces événements lui avaient laissé de profondes cicatrices. À ses yeux, c'était encore le revers de la célébrité : tout le monde s'intéressait à sa vie privée et la commentait. Malgré tout, il faisait désormais partie des acteurs d'Hollywood les plus cotés et les plus riches et profitait du fruit de sa réussite. Il n'allait pas tarder à connaître de nouveaux grands moments dans sa carrière. Mais aussi à vivre un drame terrible, qui allait frapper l'un de ses meilleurs amis.

Robin Williams

MARGARET :
Miriam, ce n'est pas facile à dire, mais… votre mari…
il a obtenu le divorce en 1952.

MIRIAM :
Oh, Dieu soit loué !

L'Éveil, 1990

– 9 –

TRIOMPHE ET TRAGÉDIE

« On ne nous donne qu'une petite étincelle de folie. Il ne faut surtout pas la perdre.

ROBIN WILLIAMS

Durant une bonne partie des années 1990, la carrière cinématographique de Robin Williams poursuivit son envolée. En 1993, il obtint un nouveau rôle capital, cette fois dans *Madame Doubtfire*, tiré du roman d'Anne Fine *Quand papa était femme de ménage*, en compagnie de Sally Field. Curieusement, à sa sortie, le film reçut des critiques mitigées, mais il est désormais considéré comme un classique, figurant à la 67e place du classement des cent films les plus drôles de l'American Film Institute, et à la

40e position du classement des films les plus drôles de tous les temps de la chaîne de télévision Bravo.

Ce long-métrage, qui a également pour vedette Pierce Brosnan – avant sa période James Bond –, raconte l'histoire de Daniel et Miranda Hillard, parents divorcés de trois enfants. Daniel, le hasard en a voulu ainsi, est comédien de doublage (ce qui donna à Robin de nombreuses occasions de faire le clown), et n'a qu'un droit de visite à ses enfants très limité. Il décide donc de se déguiser en nourrice écossaise pour pouvoir retourner vivre auprès d'eux. En fin de compte, on découvre le pot aux roses, mais il est pardonné ! Le message du film ? Que non seulement il a appris à devenir un meilleur père, mais surtout que la famille finit toujours par triompher.

Preuve touchante que c'était le cas dans la vie aussi : un acteur totalement inconnu du nom de Dr Toad joua un petit rôle de barman dans le film. En fait, il s'agissait de R. Todd Williams, demi-frère aîné de Robin, et cofondateur des Toad Hollow Vineyards, désormais viticulteur renommé. Il avait en effet été barman, à l'époque.

Robin Williams réussit parfaitement son coup : son interprétation était au centre du film. « Si le personnage de Robin ne parvient pas à berner son ex-femme, avec qui il a vécu quatorze ans, elle ne le recrutera pas. Et il n'y aura pas de film », reconnut en 1993 le réalisateur Chris Colombus dans les colonnes de *New York Magazine*. Mais ce rôle fut bien plus personnel qu'on n'aurait pu le croire : Robin avait lui-même essuyé un divorce peu de temps auparavant, et connaissait les problématiques liées à cette nouvelle vie. D'une certaine manière, c'était aussi personnel que ses anciens sketches de stand-up sur la drogue.

On compara souvent *Madame Doubtfire* à *Tootsie* (1982), où Dustin Hoffman interprétait un travesti désireux d'obtenir un rôle dans une série télévisée. Mais si ce dernier fut à juste titre reconnu d'emblée comme un classique comique, ce ne fut pas le cas de *Madame Doubtfire*. On le compara, généralement de manière défavorable, à un autre classique du travestissement, *Certains l'aiment chaud* (1959), et même les chroniques les plus favorables ne manquèrent pas de piquant.

« Jamais je n'ai autant ri devant un film que je n'ai pas aimé », déclara David Ansen dans *Newsweek*. « La robe, le maquillage et le raffinement de madame Doubtfire sont intrinsèquement contraignants, mais rien ne retient Robin Williams quand il est lancé », écrivit Janet Maslin dans le *New York Times*. « Même s'il est par moments un peu trop sentimental, et que les vingt dernières minutes sont inutiles, ce film de travesti permet à Robin Williams de faire son numéro au milieu de cette histoire qui met la famille à l'honneur », affirma Brian Lowry, dans *Variety*.

« Des répliques de sitcom, des bouffonneries laborieuses et un peu de sensiblerie post-féministe. Drôle, en dépit de tout cela », admit Derek Adams dans les colonnes de *Time Out*. « Williams fait tout pour échapper à une imitation de *Tootsie* de seconde zone, les pieds ancrés dans le pathos, le visage couvert de latex. Il finit par faire tomber le masque, mais ce n'est pas joli à voir », s'emporta Desson Thomson dans le *Washington Post*. Plus positive, Rita Kempley écrivit dans le même journal : « Vous allez rire à en avoir mal aux côtes. Non pas parce que Chris Colombus, le réalisateur des *Maman, j'ai raté l'avion*, a un don pour les films humoristiques – ce qui est le cas –, mais parce que Williams est à la comédie ce que le lapin Duracell est aux piles. Il ne s'arrête jamais. »

Mais les vrais connaisseurs, les membres de l'industrie du cinéma, ont aussitôt récompensé la qualité du film. Williams remporta le Global Globe Award du meilleur acteur, et le long-métrage obtint celui du meilleur film, ainsi qu'un oscar, même si ce ne fut que celui du meilleur maquillage. Robin avait pris la chose très au sérieux.

« C'est un type qui vit au jour le jour et, à la suite d'un processus douloureux, découvre qu'il ne s'agit pas que de lui, expliqua-t-il au *New York Magazine*. Et sa femme, c'est pareil. On s'est rapidement disputés avec le studio : ils voulaient que le couple se remette ensemble. Eh bien, c'est un fantasme, vous diront la plupart des psychiatres, qu'ont les enfants de parents divorcés lorsqu'ils suivent une thérapie. Et les spécialistes refusent de le perpétuer. Ils demandent aux enfants : "Tu as des souvenirs avec ta mère et ton père ensemble ?" Les enfants répondent par la négative, mais c'est l'idée : "Ils sont ensemble. Comme dans les illustrations de Norman Rockwell. La famille réunie à table… même s'ils sont tous armés." Ce film traite de véritables valeurs familiales. Après un divorce, combien de pères abandonnent ? La tendance, c'est de dire : "J'aime mon fils", puis de partir. Avec un peu de chance, le père devient une sorte d'oncle. Mais le plus étrange, c'est qu'il a autant besoin de ses enfants qu'eux ont besoin de lui. »

Madame Doubtfire allait devenir l'un de ses plus grands succès, au point qu'il fut question d'une suite (même si Robin détestait les suites). Plusieurs idées d'intrigue furent proposées, dont une qui voulait qu'il se déguise en femme pour surveiller sa fille quand elle partait à l'université. Mais aucune ne remporta son adhésion. Puis, vers la fin de sa vie, quand sa carrière se fit moins dense que par le passé, on lui parla de nouveau de ce projet pour le relancer. Mais cela ne se fit pas.

Néanmoins, en mai 2013, le réalisateur Chris Colombus évoquait toujours cette éventualité. « Robin Williams et moi discutons d'une suite à *Madame Doubtfire*, avoua-t-il dans une interview pour le *Huffington Post*. Nous en avons parlé, et le studio semble intéressé. Ce qui me fascine, c'est que lorsque des acteurs jouent de nouveau le rôle d'un personnage emblématique qu'ils ont créé, ils ont vingt ans de plus et ne lui ressemblent plus. Ce qui est bien avec madame Doubtfire, c'est qu'il y a ce personnage, cette femme, qui ressemblera trait pour trait à celle de 1993. J'ai donc hâte de voir ça. J'adorerais que l'on puisse le faire sans effets spéciaux. Il suffit de s'assurer que l'histoire soit bonne et forte en émotion, qu'il y ait une raison de la raconter, et que ça ne ressemble pas à *Big Mamma* (2000) ou à quoi que ce soit de ce genre. »

En 1993, grâce à sa célébrité croissante, Robin avait adopté un certain train de vie. L'été de cette année-là, il emmena sa famille dans une villa en Italie et se coupa complètement des affaires. Il s'apprêtait également à emménager dans une vaste demeure de 1 000 mètres carrés donnant sur la baie de San Francisco. Déjà très impliquée dans la vie familiale de l'acteur, Marsha commençait à jouer un rôle crucial dans sa carrière : elle était sa « gardienne », le protégeant autant que possible de la pression de son métier.

Et ce n'était pas tout. Avant de tourner *Good Morning, Vietnam*, elle l'avait encouragé à étudier l'histoire de la région dans laquelle se passait le film. Elle assistait aussi à la plupart des tournages et le soutenait dès que c'était nécessaire. Elle donnait parfois l'impression d'être son agent : « Je ne lui ai jamais rien recommandé dans ses choix en fonction de l'argent en jeu, se défendit-elle dans les pages du *New York Magazine*. À moins que le pays ne s'effondre, nous en avons suffisamment. Ce qui m'intéresse le plus, c'est de voir ce que Robin n'a pas encore fait, et ce qui pourrait lui plaire. Je ne suis peut-être pas objective, mais je n'ai jamais vu quelqu'un qui disposait d'une telle palette de jeu. »

Si certains lui reprochaient de prendre trop de place, Robin en était au contraire satisfait. Ensemble, ils fondèrent la société de production Blue Wolf, dont le but était de lire des scénarios et de trouver des projets à produire. C'était d'ailleurs Marsha qui était tombée sur *Madame Doubtfire*. Elle produisit le film, suscitant un certain étonnement. Comme tout ce qu'elle faisait était destiné à promouvoir le statut de son mari et à le rendre heureux, les sceptiques en furent une nouvelle fois pour leurs frais. Elle continua d'ailleurs à produire un certain nombre de films pour lui.

*
* *

Si à cette époque tout allait pour le mieux dans la vie de Robin, l'un de ses meilleurs amis fut bientôt victime d'un grave accident : Christopher Reeve, son vieux copain de la Juilliard. Lui aussi s'était rendu très célèbre grâce aux *Superman*. Athlétique et dynamique, il était passionné d'équitation. Mais en juin 1995, il fut désarçonné et fit une chute sur la tête, se rompant le cou. Il devint paraplégique et mourut neuf ans plus tard.

La nouvelle ébranla ses proches, en particulier sa famille et sa femme Dana. Il avoua plus tard avoir eu des idées suicidaires suite à l'accident (qui pourrait lui en vouloir ?). Mais grâce aux encouragements de son épouse, il était parvenu à surmonter les épreuves. Comme il ne se souvenait plus de l'accident et commençait à délirer, on lui fit subir une opération chirurgicale pour relier son crâne à sa colonne vertébrale, à laquelle il avait une chance sur deux de survivre. N'importe qui, même avec le courage de Reeve, serait devenu fou. Juste avant l'opération, un « petit homme trapu » à l'accent russe surgit dans la salle avec une blouse de chirurgien et de grosses lunettes. Il s'apprêtait à lui faire un examen rectal, disait-il. Bien sûr, c'était Williams ! Il rejouait le rôle qu'il avait tenu cette année-là dans *Neuf mois aussi*, avec Hugh Grant. Christopher éclata de rire, pour la première fois depuis son accident. « Mon vieil ami m'a aidé à comprendre que tout allait bien se passer », écrivit-il plus tard dans son autobiographie, *Still Me*[9].

9. Littéralement « Encore moi ».

« Christopher et moi sommes allés à Juilliard ensemble. Quand j'ai appris qu'il avait eu un accident, ça m'a anéanti, raconta plus tard Robin dans les colonnes du *Calgary Sun*. Tout le monde avait un air si grave… Je savais que ce n'était pas bon pour le moral de Chris, alors j'ai enfilé une blouse de chirurgien et j'ai fait mine d'être son proctologue. Quand je l'ai vu sourire, ça m'a fendu le cœur. Il m'a avoué plus tard que c'est à ce moment-là qu'il s'est rendu compte qu'il pouvait encore rire, et qu'il voulait continuer à vivre. »

Mais Robin aurait fait bien plus que cela : il aurait financé une partie des soins de son ami – même si cela n'a jamais été révélé publiquement. De plus, il s'est totalement impliqué dans la fondation Christopher & Dana Reeve. Dana décrit les deux copains comme étant « plus proches que des frères », et au fil des ans, on a souvent aperçu Robin auprès de son ami.

Robin était très impliqué dans des œuvres caritatives, mais le faisait en toute discrétion. Il soutenait, parmi d'autres, le Comic Relief (pour les sans-abri et les victimes de l'ouragan Katrina), Médecins Sans Frontières, Operation Smile, la Pediatric AIDS Association, la Challenged Athletes Foundation, Sant Jude Children's Research Hospital, la fondation Make-a-Wish (dont certains enfants ont figuré dans le film *Docteur Patch,* en 1998), Project Open Hand, Glide, The Gorilla Foundation, Seacology, River of Words,

God's Love We Deliver, Women at Ground Zero, Bread and Roses, Meridian Gallery, Mercury House, Kidsclub, Season of Sharing, SMMoA, Ant Farm, la bibliothèque publique du comté de Fresno, Muir Fest, USO, Best Friends, l'université de Californie à San Francisco (UCSF), et le service pédiatrique de l'hôpital général de San Francisco : « J'y vais à Noël le plus souvent, expliqua-t-il au *Calgary Sun*. Je fais du vélo, branché à une poche de perfusion. Avant, j'avais du succès quand j'interprétais Mork, mais, maintenant, ils préfèrent que je joue madame Doubtfire. »

Il n'avait pas du tout les mêmes motivations que certaines célébrités, qui cultivaient surtout ces bonnes actions pour leur image. Williams était issu d'un milieu aisé, mais il était désormais immensément riche (on estima qu'au cours de deux années seulement, au début des années 1990, il avait gagné 29 millions de dollars, ce qui représentait beaucoup plus à l'époque qu'en 2014). Et il alla bien plus loin que d'autres. Il fit des apparitions bénévoles pour soutenir l'alphabétisation et les droits des femmes, et joua pour l'United Service Organizations (l'USO), qui soutenait les troupes américaines en opération à l'étranger. Au total, pour cette association, il allait se rendre dans treize pays différents, dont l'Irak et l'Afghanistan, et jouer devant 100 000 soldats.

Avec Marsha, il créa la fondation Windfall et poursuivit son activité caritative jusqu'à la fin de ses jours. En décembre 1999, il chanta en français dans une vidéo avec des célébrités du monde entier, sur une reprise de *It's Only Rock'n'Roll (But I Like It)*, des Rolling Stones, pour l'association caritative Children's Promise. Suite au tremblement de terre de 2010 à Canterbury, en Nouvelle-Zélande, il offrit tous les bénéfices de son spectacle *Weapons of Self Destruction* à la ville de Christchurch pour participer à la reconstruction de la ville, pour une moitié à la Croix-Rouge et pour l'autre au fonds de soutien municipal. Il soutenait aussi le Sant Jude Children's Research Hospital. Après sa mort, nombre d'individus et d'associations qu'il avait aidés lui ont rendu hommage d'une manière ou d'une autre. Même ses pires détracteurs concédèrent qu'il s'agissait de quelqu'un d'extraordinairement généreux.

Et il continuait d'enchaîner les films. Certains ne laissèrent pas une trace impérissable, mais d'autres firent bientôt partie du paysage culturel : *Jumanji*, par exemple, sorti en 1995, met en scène un garçon de 12 ans, Alan Parrish (Williams) pris au piège en 1969 dans un étrange jeu de société, et libéré au bout de vingt-six ans, seulement quand deux autres enfants décident d'en entamer une nouvelle partie… Curieusement, en dépit de la relation tendue que Robin entretint avec son père, il joue à la fois son propre rôle et celui de ce dernier dans le film et, plus tard, celui du chasseur dérangé qui le poursuit. Personne n'a relevé ce détail jusqu'à présent. Williams y aura certainement vu une certaine ironie.

Le film reçut des critiques mitigées, mais ce fut un succès commercial indéniable. C'était une œuvre divertissante « à l'ancienne ». Quand *Reddit* lui demanda ce qu'il aimerait prendre avec lui s'il devait faire une partie de Jumanji, il déclara : « Une machette, un lance-flammes et une veilleuse – oh, c'est vrai, j'ai 10 ans. Je vais peut-être échanger le lance-flammes contre un briquet, alors ! » Et certains critiques étaient prêts à accepter les éléments de comédie. « Retirez la débauche d'effets spéciaux, et il reste une histoire plutôt touchante de seconde chance et d'innocence perdue », fit remarquer Neil Smith sur BBC.com. « Dans *Jumanji* comme dans le reste de son œuvre, Johnston met des personnages dynamiques dans des situations qui feront battre le cœur de n'importe quel enfant », assura Peter Canavese dans *Groucho Reviews*.

« Une aventure visuelle impressionnante et exaltante qui sait entretenir le suspense, le frisson et la comédie jusqu'à un dénouement surprenant. Elle met en scène des personnages dans des situations désespérées qui tiennent le public en haleine », déclara Christine James dans *Boxoffice Magazine*. « Tous les acteurs sont bons dans ce film. Surtout Williams, qui endosse un rôle inhabituel pour lui, celui de faire-valoir », prévint Chris Hicks dans *Deseret News*. Le public l'a lui aussi beaucoup aimé, Williams interprétant une sorte d'Indiana Jones, un type par ailleurs tout à fait ordinaire.

Mais Roger Ebert, critique reconnu, ne fut pas favorablement impressionné : « Il est probable que ce film incite les plus jeunes à fuir les salles obscures ou les pousse dans les bras de leurs parents. Ceux qui resteront sagement assis jusqu'à la fin sont bons pour avoir des cauchemars, déplore-t-il dans le *Chicago Sun-Times*. Ceux qui croyaient qu'il s'agissait d'un film familial (il n'a même pas été interdit aux moins de 13 ans !) doivent en être pour leurs frais. Ce long-métrage est un étalage d'effets spéciaux débordant d'images grotesques, source d'effroi et de désespoir. Même pour un public plus âgé, il n'y a pas grand-chose à sauver. »

En dépit de ces critiques, *Jumanji* allait devenir l'un des films les plus appréciés des enfants, aujourd'hui encore régulièrement diffusé à la télévision.

*
* *

Williams était un homme occupé. En 1996, il y eut *Birdcage*, remake de la célèbre *Cage aux folles*, avec aux commandes Armand Goldman (Williams), propriétaire d'une boîte de nuit et son partenaire Albert (Nathan Lane), drag-queen.

Les acteurs ne se sont-ils pas inquiétés de présenter une vision somme toute assez stéréotypée des homosexuels, avec beaucoup de cris et de gestes excentriques ? « Ce qui prime, c'est que le sujet soit traité avec une grande tendresse, se défend Robin dans les pages du magazine *Première*. Nous avons sans doute fait des sacrifices, mais nous avons tenté de proposer un couple aussi attachant que n'importe quel couple hétérosexuel. C'est une histoire d'amour. Mais il faut toujours s'attendre à la réaction de quelques aigris. »

Curieusement, le metteur en scène le mit dans la position inhabituelle de tempérer l'exubérance de son partenaire de jeu. Sans doute conscient que cela puisse être difficile pour Lane, Williams se montra extraordinairement généreux avec lui. Il savait que tout le monde s'attendait que ce soit lui, et non Nathan qui les fasse rire le plus. « Oh, ça n'a pas été simple, reconnut-il dans une interview pour *Reddit*, quand on lui demanda s'il avait été tenté de rire. Sa voix, ce personnage, Agador Spartacus… Je n'étais pas le seul à avoir du mal. Mike Nichols, le réalisateur, riait tellement, parfois, qu'ils ont dû lui mettre une couverture sur la tête. Celui qui était très drôle, aussi, c'était Gene Hackman. Son discours sur les feuilles en Nouvelle-Angleterre est l'une des tirades les plus hilarantes que j'aie jamais entendues. »

Dans l'ensemble, le film reçut de bonnes critiques, notamment de la part de l'Alliance gay et lesbienne contre la diffamation, car « il va au-delà des stéréotypes et montre la profondeur et l'humanité des personnages. Ce film met les différences à l'honneur, et relève l'ineptie de vouloir dissimuler ces différences. » Ce qui fut toutefois le plus important, du moins aux yeux de Hollywood, c'est que cette production rapporta beaucoup d'argent.

En fait, on lui avait d'abord demandé de jouer la drag-queen. On lui avait déjà demandé l'année précédente de se travestir dans *Extravagances*, mais il avait refusé dans les deux cas, pour la même raison : s'étant déjà grimé en femme dans *Madame Doubtfire*, il ne voulait pas être cantonné à ce genre de rôle. « Mon manager m'a supplié de jouer Albert, expliqua-t-il, me disant que j'aurais carte blanche et que je pourrais être plus outrancier que jamais. Mais j'avais déjà incarné une grosse femme. Le défi était pour moi de voir si je parviendrais à faire rire en interprétant le rôle plus subtil d'Armand. Il est déjà assez dommage comme ça que l'équipe de *Madame Doubtfire* veuille absolument me faire endosser son costume une nouvelle fois pour la suite. Je n'ai pas envie de me tortiller en soutien-gorge et en collants pour tous les studios de Hollywood ! »

La suite de *Madame Doubtfire,* qui ne verra finalement jamais le jour, était déjà en discussion. Mais même à ce stade, il était évident que les producteurs avaient du mal à imaginer un scénario convenable.

Contrastant avec son activité professionnelle débordante, Williams connaissait alors l'une des périodes les plus calmes de sa vie privée. Si la plupart des enfants veulent que leurs parents prennent des voix idiotes quand ils leur racontent des histoires, ceux de Robin lui demandaient au contraire de se calmer. Les journalistes se mirent à dire qu'il avait moins tendance à prendre des voix amusantes au milieu des interviews, ce qui était certainement un signe d'assagissement. En plus de tout le reste, il était père de famille désormais, et ses enfants attendaient qu'il se conduise en adulte. Marsha et lui travaillaient en équipe, gérant de front la carrière de Robin, les différentes œuvres caritatives et leur vie de famille. Et comme il était l'une des stars les plus rentables du monde, les propositions continuaient à affluer. La belle vie.

À l'écran, toutefois, il se montrait plus excentrique et innovant que jamais. Quand il fut la vedette de *Jack* (1996), il n'échappa pas à la comparaison avec Tom Hanks, dans *Big*, un classique de 1988 dans lequel celui-ci interprétait un garçon de 12 ans dans le corps d'un adulte. Dans *Big*, tout vient d'une mystérieuse machine à souhaits, tandis que dans *Jack*, il s'agit d'une maladie qui le fait vieillir. Mais il existe certaines similitudes, en particulier le fait qu'ils soient tous deux confrontés au délicat problème relationnel avec les filles.

Robin fut tout d'abord réticent envers ce projet. « Quand j'ai reçu le scénario de *Jack*, je l'ai refusé catégoriquement, expliqua-t-il au *Calgary Sun*. J'ai répondu à Disney que j'avais déjà exploré ce terrain-là et que je n'en avais plus envie. J'ai 44 ans et je suis poilu, moi ! Le seul scénario qui me conviendrait, c'est une version de *Congo* en comédie musicale. Mais Disney a sorti l'artillerie lourde. Ils ont fait appel à mon ami Francis Ford Coppola pour la réalisation, et m'ont garanti que je n'avais jamais joué ce genre de personnage. »

On ne refuse pas de tourner avec Francis Ford Coppola. Robin accepta donc l'offre de Disney et alla passer deux semaines avec les enfants qui allaient interpréter les amis de Jack, campant avec eux, jouant au base-ball et leur racontant des histoires de fantômes. « C'était *Sa Majesté des mouches* au centre aéré ! » s'exclama-t-il.

« C'est moi qui ai eu l'idée de mettre Robin en situation avec des gamins de 8 ou 9 ans, révéla Coppola au *Toronto Sun*, en 1996. Je suis un ancien animateur de colonies de vacances, et nous avons fait toutes sortes d'activités. On s'est préparé des sandwichs au beurre de cacahuète et à la confiture et on a campé dans les montagnes. »

« On a baptisé la colo "Camp Coppola", ajouta Robin. On a fait des trucs de gosses, du vélo, on est allés dans des magasins de jouets… À la fin, bizarrement, j'ai commencé à me réapproprier tout ça. J'avais l'impression de remonter dans le temps. Vous savez, à cet âge-là, ce sont les plus petites choses les plus importantes : vos affaires, vos copains... Quand l'univers s'écroule, il s'écroule complètement. C'est pour ça qu'ils fondent en larmes, et que l'instant d'après, ils peuvent se mettre à rire aux éclats. »

Coppola ne tarit pas d'éloges sur Robin Williams : « Il ressemblait aux enfants, sans en être un. C'est son inventivité et son enthousiasme qui le font tant ressembler à un enfant. » Ils avaient tous deux pris ce projet tellement à cœur qu'ils avaient demandé à un garçon de 10 ans d'aider Robin à préparer son rôle. « C'était Robin qui jouait d'abord la scène, précisa-t-il. Ensuite, son "conseiller" l'interprétait devant lui à sa façon. Il arrivait que le garçon fasse des choses qui émerveillaient Robin, et ce dernier ajustait alors son jeu. »

Les deux hommes eurent le sentiment que ce film était le reflet d'une certaine tristesse dans leurs jeunesses respectives. « Je vivais presque tout seul dans une grande maison, raconta Williams au *Toronto Sun* d'un air sérieux. J'allais encore à l'école, mais j'avais l'impression de me trouver dans une grande ferme à la campagne, loin de tout. Je me rappelle qu'on s'en prenait à moi, et que je devais trouver d'autres itinéraires pour rentrer, parce que je n'avais aucune envie de me prendre une raclée. On s'en prenait à moi parce que j'étais petit. Je me sentais gros, aussi, et potelé. C'est pour ça que j'ai fait de la lutte au lycée. Au moins, avec mes 46 kilos, je pouvais me défendre contre un autre type de 46 kilos. »

Il semblerait que Coppola n'ait pas eu non plus une enfance très joyeuse : « Je crois que c'est Hemingway qui a dit que pour être un grand artiste, il faut avoir eu une enfance malheureuse. J'ai eu la polio, et on m'avait interdit tout contact avec les autres enfants. J'étais très frustré. Et je pense que c'est pour cette raison que j'aime autant ce film.

« Quand je lisais le scénario, je ne pouvais pas m'empêcher de penser à Robin. Et je l'ai lu comme s'il s'agissait de *La Métamorphose,* de Kafka. Je me suis dit : "Si tu le considères comme un cafard géant, ça ira. Et si tu n'acceptes pas que Robin soit un garçon de 10 ans, l'histoire tombe à l'eau." »

Mais le public accepta que Robin soit un gamin. Il l'avait déjà expérimenté dans un grand nombre de ses rôles, qu'il joue vraiment un enfant ou non. Mais Williams avait désormais près de 45 ans, il était marié, avait lui-même des enfants, et était considéré comme l'un des meilleurs acteurs de Hollywood. Sans aucun doute, on pouvait dire qu'il avait mûri.

MIRANDA :
Que s'est-il passé ?

MADAME DOUBTFIRE :
Il aimait bien boire. C'est la boisson qui l'a tué.

Robin Williams

Miranda :
C'est affreux. Il était alcoolique ?

Madame Doubtfire :
Non, il s'est fait percuter par un camion de Guinness.
C'est donc bien la boisson qui l'a tué.

Madame Doubtfire, 1993

– 10 –

Des Picasso et des princes

« Si Mickey n'a que quatre doigts,
c'est pour qu'il ne puisse pas tenir son chèque. »

Robin Williams,
à propos de son différend financier avec Disney.

Le désaccord entre Robin Williams et Disney ne dura pas longtemps, elle ne profitait à aucun des deux camps. Et puis le studio avait bien l'intention de retravailler avec l'acteur. Celui-ci y fit d'ailleurs allusion lors d'une interview pour le *Toronto Sun* : « Non, je n'ai pas de contrat avec Disney, affirma-t-il. En fait, ce sont eux qui ont un contrat sur moi. Un type du nom de Tony me suit partout. (Il prend une voix de mafioso.) “Je vous conseille de cesser de dire du mal de M. Eisner, cet homme a la cordialité d'un pois gourmand." "Mais c'est vous qui vous moquez de lui !" "Robin, nous aimerions vous parler à l'extérieur."

« Les produits dérivés, tout ça… s'ils font des figurines, je m'en moque, poursuivit-il. C'est quand ils se servent de ma voix que ça ne va plus. »

Mais ce Picasso avait manifestement permis de calmer le jeu. Même si la version de Robin était un peu différente. « En fait, ils ne m'ont pas offert le tableau pour s'excuser d'avoir violé notre accord. Ils me l'ont donné avant ! On s'est engueulés, ensuite ils se sont excusés, et c'était tout ce que je demandais. Je voulais qu'ils me disent : "Nous n'avons pas respecté notre contrat, et ensuite, nous avons fait une campagne de communication pour donner l'impression que vous vouliez nous soutirer de l'argent." Les studios font ça tout le temps, mais ils refusent de l'admettre. "Chut ! Vous voulez dire qu'on ment ?" Oui, ils ont menti, et ils l'ont finalement reconnu. On peut donc de nouveau travailler ensemble. Ça a été difficile pendant un moment. Comment peut-on dire à ses enfants : "Papa s'est disputé avec Disney, alors on n'ira plus à Orlando pendant quelque temps. Plus de peluches, plus de bossu de Notre-Dame, plus de jouets" ? »

Pour l'anecdote, Williams s'est fait payer 75 000 dollars pour un film qui en a remporté 600 millions. Mais l'argent n'était pas le problème. C'était une question de principe…

Williams et Disney se rabibochèrent à temps pour la suite, *Aladdin et le roi des voleurs* (1996). En réalité, la première suite du film avait été *Le Retour de Jafar* (1994), dans lequel le génie était doublé par Dan Castellaneta, connu comme la voix originale d'Homer Simpson. Le film sortit directement en vidéo, mais cette collaboration satisfaisait l'intérêt de tous. À vrai dire, Castellaneta avait déjà entamé le processus de doublage – un tiers du film était déjà en boîte –, mais quand Robin accepta de réintégrer l'équipe, tout le monde fut ravi de reprendre de zéro.

« Avec Robin, le film prend une autre dimension, déclara Ann Daly, présidente de Buena Vista Home Video à *TV Guide*. Il donne de l'ampleur au projet. Personne n'est capable de reproduire ce qu'il fait dans un studio d'enregistrement. Les animateurs s'étaient d'ailleurs inspirés de lui. » (Cela peut paraître un peu injuste pour Castellaneta, mais c'est la dure loi du show-business.)

En 1997, on décerna enfin un oscar à Robin pour son rôle dans *Will Hunting*, film qui lança la carrière de Matt Damon et, à un niveau moindre, celle de Ben Affleck qui faisait déjà parler de lui. Mais il dut se cantonner à l'oscar du meilleur second rôle. Le scénario, écrit par Affleck et Damon, mettait ce dernier à l'honneur dans le rôle principal.

Le film fut un immense succès, l'un des plus importants de la carrière de Williams – il remporta 225 millions de dollars rien qu'au cinéma et fut nominé pour neuf oscars. Affleck et Damon furent couronnés pour le meilleur scénario original. Un de ces films qui plaisent autant au public qu'à la critique.

« Damon et Affleck ont été assez malins pour comprendre qu'ils ne seraient jamais parvenus à produire leur histoire s'ils s'étaient contentés de s'écrire de beaux rôles, fit remarquer Quentin Curtis dans le *Daily Telegraph* en 1998. Il leur fallait une star. Ils proposèrent donc un grand second rôle aux acteurs les plus en vue de Hollywood, celui de Sean, psychiatre de Will, dont la propre existence a mal tourné et qui tente de mener son patient vers la maturité. Robin Williams a mordu à l'hameçon. »

« La force de *Will Hunting* repose sur le sérieux de son scénario et le soutien que la distribution et le réalisateur lui apportent, affirma *Empireonline*. Van Sant prend soin d'éviter de sombrer dans le sentimentalisme, préférant se concentrer sur la dureté et la réalité des émotions contenues dans l'histoire. Damon est fantastique, et Affleck tout aussi puissant. Mais malgré la qualité du film, c'est Robin Williams qui en est le cœur et l'élément moteur. Il mérite amplement son oscar. »

« Robin Williams est fort et solide. Matt Damon, telle une supernova, est en perpétuel mouvement et donne à son personnage un caractère qui surprend jusqu'à la fin, écrit Janet Maslin dans le *New York Times*. Les meilleurs moments du scénario sont incontestablement les deux longs monologues (et notamment celui de Sean dans le jardin public de Boston) qui donnent vie à Will et à Sean. »

« Une performance impressionnante de Matt Damon dans le rôle-titre, et une distribution sans pareille menée par le terrible Robin Williams, qui élève *Will Hunting*, le drame psychologique de Gus Van Sant, bien au-dessus de la sensiblerie de cette histoire grand public, déclara Emmanuel Levy dans *Variety*. Centrée sur un jeune ouvrier brillant contraint de composer avec son génie et ses sentiments, cette magnifique production est très attachante, et même touchante. » À ce jour, ce film a su résister à l'épreuve du temps : il est considéré comme l'un des meilleurs de son époque, et Damon et Affleck sont depuis devenus d'immenses stars.

Quant à Williams, il était ravi : « On vient souvent me remercier pour *Will Hunting*, parce que ce film a ému le public. C'est aussi important pour moi que lorsqu'on me dit : "J'étais mort de rire, vous êtes un sacré enfoiré de comique !" » Son rôle, la réaction des spectateurs et l'oscar lui ont fait l'effet d'une consécration : on le reconnaissait enfin comme un acteur dramatique.

Il devenait en effet de plus en plus « sérieux », en tout cas mature, que ce soit dans son jeu ou dans la vie. Il soutenait toujours son ami Christopher Reeve, qu'il accompagna par exemple à Puerto Rico, à une soirée caritative de l'American Paralysis Association. Par ailleurs, il se montrait de plus en plus réticent à exposer son côté loufoque à ceux qui l'interviewaient. « Il est trop tôt, se plaignit-il, j'ai simplement envie de jouer de beaux rôles. » Il interpréta Osric dans le *Hamlet* mis en scène en 1996 par Kenneth Branagh ; et un chimiste malveillant poseur de bombes dans *L'Agent secret* (1996), tiré du roman de Joseph Conrad. Dans *Hamlet*, contrairement à ses habitudes, il accepta de jouer un rôle secondaire – parmi, c'est vrai, une pléiade de stars, Billy Crystal (encore un comique désireux d'incarner des personnages dramatiques) dans le rôle du premier fossoyeur, Judi Dench (Hécuba), Julie Christie (la reine Gertrude), Derek Jacobi (le roi Claudius), Kate Winslet (Ophélia), et même Gérard Depardieu, qui fit une brève apparition sous les traits de Reynaldo. Jack Lemon jouait Marcellus. Une distribution éclectique, c'est le moins que l'on puisse dire.

Si Robin était heureux de figurer au bas de l'affiche, mais avec une distribution qui parlait d'elle-même, c'est qu'il ne ressentait plus la même pression. Quand le nom d'un acteur s'inscrit en tête, c'est aussi sa carrière qui est en jeu : si le film échoue, c'est censément sa faute. C'était plus facile à vivre quand il ne portait pas lui-même le film. Un journaliste remarqua que même si celui-ci était prêt à le reconnaître, on pouvait voir que Williams n'avait plus aucune envie de parler de *Popeye*. Car il avait découvert qu'avec le succès venait le stress. Il avait ses détracteurs, et les volontaires ne manquaient pas pour lui jeter la pierre à chaque occasion. Pendant les années 1990, cinq de ses films – *Birdcage*, *Jumanji*, *Madame Doubtfire*, *Aladdin* et *Hook* – avaient rapporté chacun plus de 100 millions de dollars au box-office, ce qui pesait considérablement sur ses épaules. Il continuait de jouer à l'improviste dans des cafés-théâtres (… souvenez-vous, c'était toujours moins cher que d'aller chez le psy), mais cela ne l'empêchait pas de vouloir être considéré comme un acteur dramatique. Pour tout arranger, *People* et *Vogue* l'avaient nommé « l'homme le plus drôle du monde ». Certains ne pouvaient donc plus dire qu'ils ne le trouvaient pas comique.

« C'était comme si on avait écrit sur mon front "Acharnez-vous sur moi" », déclara Robin. Il ne pouvait pas lutter. Pour un acteur dramatique, il faut dire qu'il fit quelques choix pour le moins hasardeux. Il y eut *La Fête des Pères* (1997), avec Billy Crystal, où deux hommes sont convaincus qu'ils sont le père du même garçon, et où la mère (Nastassja Kinski) leur ment pour qu'ils l'aident à retrouver son fils.

« Ça faisait des années que Billy et moi cherchions à jouer ensemble. Ça fonctionnait si bien entre nous, lors des Comedy Relief, que nous semblions former un parfait duo pour le cinéma, expliqua Williams. Chaque fois que nous sommes ensemble sur scène ou devant une caméra, on dirait deux cerfs pendant le brame. C'est une concurrence saine, ça aiguise notre sens de la comédie. Tous les humoristes sont des compétiteurs, le nier, c'est nier l'essence même de la comédie. » Hélas, l'essence de la comédie n'apparut pas de manière flagrante dans ce film, qui sombra sans laisser de trace.

L'expérience fut plus heureuse avec *Au-delà de nos rêves* (1998), une référence à la tirade d'Hamlet « Être ou ne pas être », dont il partagea l'affiche avec Cuba Gooding Jr. C'est un film extraordinaire, presque métaphysique, dans lequel Williams et Annabella Sciorra interprètent Chris et Annie, un couple qui a perdu ses deux enfants dans un accident de voiture, avant que Chris ne trouve lui aussi la mort dans des circonstances semblables. Il monte au paradis, d'où il peut communiquer avec Annie, mais celle-ci, rongée par le désespoir, met fin à ses jours. Elle est ainsi envoyée en enfer, où Chris, malgré de nombreuses mises en garde, décide d'aller la secourir. Dans un premier temps, il décide de rester en enfer avec elle, mais Annie, désirant plus que tout le sauver, reprend espoir et ils parviennent ensemble à regagner le paradis. Ils y retrouvent leurs enfants, avant d'être réincarnés et de se rencontrer de nouveau sur terre.

Techniquement, le film est spectaculaire : il pose comme principe que la vision du paradis et de l'enfer est définie par l'inconscient de chacun. Annie étant une artiste d'une forte influence sur Chris, le paradis est grandiose. L'enfer, quant à lui, paraît si effrayant que certains critiques ont ressenti le besoin d'en avertir le public.

Si Robin souhaitait être pris au sérieux, cette intrigue le lui permit de fort belle manière. Roger Ebert, du *Chicago Sun-Times*, qui n'a jamais vraiment été un adepte de Williams, le couvrit d'éloges : « Il s'agit d'un film qui, malgré ses imperfections, nous montre comment le cinéma est capable d'imaginer l'inconnu et de nous transporter dans des lieux magiques. Sans parler de l'interprétation efficace de Robin Williams et d'Annabella Sciorra. »

Stephen Holden, journaliste au *New York Times*, n'était pas du même avis : « Il n'y a encore pas si longtemps, l'amour d'après Hollywood nous faisait miroiter un avenir radieux. *Au-delà de nos rêves*, l'une des romances métaphysiques les plus recherchées jamais produites à ce jour, nous propose, pour définir son triomphe sur la mort, toute une série de nouvelles formules énervantes, du mantra classique "n'abandonne jamais" seriné tout au long de l'histoire, aux discours solennels et vides de sens… »

Il réserva toutefois ses principaux reproches à Robin : « Williams, avec son sourire niais et son regard larmoyant, déborde de compassion… »

Quant à James Berardinelli, de *Reelviews,* il se montra relativement élogieux : « On ne compte plus les films qui nous ont représenté le paradis et l'enfer, mais peu l'ont fait avec autant de maestria et d'imagination qu'*Au-delà de nos rêves*. L'intrigue, ciblée sur les sacrifices qu'un homme peut faire par amour, n'est ni complexe ni originale. Mais, soutenue par la vision incroyable du réalisateur, elle devient rapidement un drame très touchant. »

Dans les pages d'*Entertainment Weekly*, Owen Gleiberman écrivit : « Ce conte de fées fait face à une contradiction de taille : même si le film propose au public un sujet hautement spirituel, sa vision de l'au-delà gorgée de magnifiques effets spéciaux nous oblige à tout prendre au pied de la lettre. »

Mais si les réactions des critiques furent mitigées, le public l'adora, ainsi que l'industrie du cinéma, qui récompensa le film d'un oscar des meilleurs effets spéciaux, et d'un Art Directors Guild Award pour l'excellence de sa production.

« Ce film interpelle, reconnut Robin dans les colonnes du *Toronto Sun*, il remue de nombreux questionnements. Le principal est de savoir si on a vraiment envie de subir tout ça. Au bout du compte, je décide que oui, mais c'est très compliqué à gérer, avec toute la peine et la douleur que ça implique. Il n'y a eu que deux jours où j'ai pu me dire : "Tiens, aujourd'hui, c'est un bon jour." Même au paradis, mon personnage hésite entre lâcher prise et tenter d'entrer en contact avec sa femme. C'est difficile, quand on lit le scénario, de se demander : "Est-ce que j'ai vraiment envie de le faire, de passer par toutes ces émotions ?" Mais le plus extraordinaire dans cette histoire, c'est la vision très subjective du paradis et de l'enfer. »

Une partie du film fut tournée dans le comté de Marin, près de chez Robin Williams, ce qui lui permit de rentrer chez lui tous les soirs et d'éviter de succomber à certaines de ses tentations. « Le tournage est si intense, émotionnellement, que je me suis demandé si je voulais vraiment continuer sur le même rythme pendant encore quatre ou cinq mois, continuer à côtoyer la souffrance et la noirceur qui sont au cœur de l'intrigue, expliqua-t-il sur CNN. Mais avec le temps, j'y ai trouvé de l'intérêt, je me suis contraint à me retourner vers ma propre vie, et à regarder de plus près comment je la menais. C'est un effet secondaire obligatoire lorsqu'on est exposé à des émotions aussi fortes. »

Toutefois, quand on ne lui demandait pas d'aller puiser au fond de lui-même, Robin était plutôt heureux. En particulier parce qu'il avait enfin obtenu un oscar. « Comme l'a dit Bertolt Brecht, c'est génial d'avoir un passeport pour n'importe quelle destination reconnut-il sur CNN. C'est bien d'avoir ce choix, ce genre d'occasion où l'on vous dit : "Vous devriez essayer ça, parce que vous avez prouvé que vous savez incarner un personnage, un véritable personnage avec toute sa palette d'émotions." Ça me donne l'occasion de faire de la comédie, ce qui est merveilleux, mais aussi d'interpréter des rôles dramatiques. Je peux élargir mon champ d'action, profiter d'un terrain de jeux beaucoup plus vaste. »

Cela faisait toutefois quelques années que Williams n'était plus considéré comme un simple acteur comique (« Je fais les deux ! »), et il continua à jouer dans des films à succès. Il participa à *Harry dans tous ses états* (1997), la comédie noire de Woody Allen, fit le clown dans *Flubber* (1997), incarnant un professeur un peu distrait, et redevint sérieux dans *Jakob le menteur* (1999), un film sur des juifs polonais pendant la Seconde Guerre mondiale (on supposa souvent, à tort, que Robin était juif).

Marsha continua de s'impliquer dans le quotidien de son mari et travailla sur ce dernier film. Écrit et réalisé par le metteur en scène hongrois Peter Kassovitz, *Jakob le menteur* devait d'abord être une production française, mais le caractère sensible du sujet fit renoncer les producteurs.

« J'ai alors décidé de réécrire le scénario en anglais et de l'adapter pour Robin Williams, expliqua Kassovitz au *Calgary Sun*. Mais c'était risqué, car il est impossible d'avoir accès directement à Robin. Il faut passer par ses agents ou ses avocats pour pouvoir atteindre Marsha, puis c'est elle qui décide si Robin doit voir ce qu'on lui propose. Robin dépend beaucoup d'elle, elle détient l'énorme pouvoir de prendre ce genre de décisions, et tout le monde veut avoir Robin dans son film. »

« J'ai fait la connaissance de Peter après avoir lu le scénario, et nous avons travaillé dessus pendant près de un an avant de le proposer à Robin. Ce n'était pas la première fois que je procédais ainsi, révéla Marsha au *Calgary Sun* en 1999. Pour *Madame Doubtfire* aussi, j'ai travaillé sur le scénario pendant un an avant que Robin ne puisse le lire. Je cherche des personnages qu'il n'a jamais interprétés, car la plupart du temps, les producteurs et les scénaristes veulent qu'il rejoue la même chose. Je le traite comme n'importe quel autre acteur. Jamais je n'imaginerais remettre à quelqu'un un scénario avant qu'il ne soit prêt pour la production. »

Quant à Robin, cette façon de travailler lui convenait parfaitement. Il pouvait compter sur sa femme, et contrairement à tant d'acteurs de Hollywood qu'il connaissait, elle se montrait toujours d'une franchise absolue envers lui. « C'est la seule personne qui me dise la vérité, déclara-t-il. En général, on préfère me dire ce que j'ai envie d'entendre. Mais pas Marsha.

Elle refuse que je répète les mêmes singeries uniquement parce que ça a eu du succès. Il est très important pour moi de pouvoir compter sur quelqu'un de déterminé à me faire grandir en tant qu'acteur. »

Si l'on repense à leur complicité et à leur travail ensemble à ce moment de leur vie, leur divorce paraît d'autant plus consternant. Mais même si Robin parvenait encore à se maîtriser, évitant de renouer avec la drogue et l'alcool et faisant du vélo, il ne tarda malheureusement pas à quitter de nouveau le droit chemin.

Vint ensuite ce que certains considèrent comme le pire film de sa carrière, *Docteur Patch* (1998), le dernier qui aurait dû l'aider à « grandir en tant qu'acteur ». Avec le recul, on comprend pourquoi il a pu considérer qu'il s'agissait d'une bonne idée. À l'époque, le récit lui ressemblait tellement ! Le scénario s'inspirait de l'histoire vraie du Dr Hunter « Patch » Adams, un médecin aux méthodes peu conventionnelles. L'action se déroule en Virginie dans les années 1990, quand il est sur le point de se faire renvoyer de l'école de médecine pour « bonheur excessif ». Malheureusement, l'observateur impartial aura aussitôt repéré les faiblesses du concept.

Patch est convaincu qu'il faut traiter les patients avec humour, en s'habillant en clown ou en installant une paire de jambes géantes pour une conférence sur l'obstétrique. Si l'on peut être un médecin ou un clown très doué, il est rare d'avoir les deux talents à la fois. L'humour peut se révéler de mauvais goût et, hélas, pas toujours très drôle.

Les critiques détestèrent le film, et ce fut aussi le cas du véritable Patch Adams, qui non seulement s'en prit au film, mais éreinta également Williams, même s'il revint plus tard sur certaines de ses critiques.

Mais le pouvoir des stars est impénétrable. Le film rapporta plus de 200 millions de dollars dans le monde, et fut nominé pour plusieurs oscars et Golden Globes (sans toutefois remporter aucune de ces distinctions).

Au sein de l'équipe de tournage, personne ne vit venir la réaction des critiques, et encore moins Robin, qui donna comme d'habitude sa série d'interviews enjouées pour promouvoir cette comédie. « Ses détracteurs le considèrent comme un Don Quichotte moderne qui se berce d'illusions, mais Patch ne se bat pas contre des moulins à vent, réfuta-t-il dans le *Calgary Sun*. Il est déterminé, dévoué et intelligent, et il fait tout son possible pour aider ses patients. »

À un moment, le médecin distrait de jeunes patients atteints du cancer : « Dans cette scène, la plupart des enfants sont malades, confia Robin. Ils ont obtenu leur rôle dans ce film grâce à la fondation Make-A-Wish. Leurs réactions sont spontanées. Ils ne jouent pas. » Il rencontra également le véritable docteur

Patch, ajoutant : « Nous nous sommes aussitôt entendus. Il m'a tellement fait rire que j'en avais mal au ventre. C'est quelqu'un d'excessif, un clown-né. » Il dut être très peiné quand son nouvel ami se montra si critique à son égard après la sortie du film.

Dans une autre interview, cette fois pour le *Toronto Sun*, Robin, sans s'en rendre compte, mit le doigt sur l'un des problèmes principaux du film : « On raconte la période de sa vie où il étudie à l'école de médecine. C'est là qu'il forge sa personnalité outrancière. Patch est quelqu'un qui met de bonne humeur, on a tenté de le montrer. Mais on s'est aussi attardé sur le fait qu'il pouvait se révéler très agaçant avec son besoin de toujours vouloir défier le système. » Il est bien sûr risqué de faire le portrait à l'écran de quelqu'un d'énervant… Cela peut tout bonnement devenir pénible pour le spectateur.

Williams devait désormais faire face à un autre problème : ses admirateurs, surtout ceux des débuts, commençaient à lui reprocher de ne plus être aussi désopilant. En fait, il n'avait jamais cessé d'être drôle. Ses représentations dans les cafés-théâtres le confirmaient, ainsi que ses apparitions dans les talk-shows, où il semblait croire qu'il était de son devoir de faire pleurer de rire le public. Mais Robin était le clown qui rêvait de jouer Hamlet. Ou Osric, du moins. Et il n'allait jamais pouvoir résoudre ce dilemme : était-il comédien ou acteur dramatique ?

Et pourquoi le public n'acceptait-il pas qu'il puisse être les deux ?

« Les gens désirent simplement que nous les divertissions, expliqua-t-il à un journaliste. Quand ils nous voient faire quelque chose de merveilleux, ils veulent que nous le répétions… à l'infini. Jusqu'à ce que ça les ennuie et qu'ils s'intéressent à quelqu'un d'autre. C'est le risque : quand on répète sans cesse la même chose, les spectateurs finissent par dire : "Oh, on l'a déjà vu, ça !" Mais c'est ce que vous vouliez ! "Ah, oui, avant…" Et on est mort. »

Un incident avec une fan sembla l'avoir particulièrement contrarié. « Un jour, une femme s'est approchée de moi, à l'aéroport et m'a dit : "Faites le zinzin, faites le zinzin !" Pardon ? Elle voulait que je fasse le fou. Il faut se réinventer sans cesse, dans ce métier. Comme Madonna. Cette année, c'est son année indienne. L'an dernier, c'était son année Walkyrie. Il y a deux ans, c'était son année "nichons pointus". Qu'est-ce qu'on fait ? On évolue.

« Si j'ai réussi à m'affranchir, c'est parce que des films comme *Le Cercle des poètes disparus*, *L'Éveil*, *The Fisher King* et *Will Hunting* ont eu du succès. Et je ne parle pas simplement de mon oscar. Dès le début, j'ai évité de me répéter. Je me suis réinventé en passant de la comédie au drame. Je ne cesse d'évoluer. Comme de nouvelles couleurs sur la palette d'un peintre. »

Mais sa frustration était palpable. Robin voyait bien qu'il était capable de passer d'une discipline à l'autre, alors pourquoi était-il le seul à le remarquer ?

WILL :
Tu aimes les grosses pommes ?

CLARK :
Ouais.

WILL :
Eh bien moi, j'ai son téléphone.
Alors ses grosses pommes… elles seront pour moi[10] *!*
Will Hunting, 1997

---

10. « *WILL : Do you like apples ? CLARK : Yeah. WILL : Well, I got her number. How do you like them apples ?* »

– 11 –

GAME BOY

« Quand on parvient à se libérer d'une accoutumance, on finit souvent dans les bras d'une autre. »

ROBIN WILLIAMS

Voilà une idée reçue qui tend à se vérifier. C'est ce qui est arrivé à Robin : lorsqu'il a cessé de boire et de se droguer, au début des années 1980, il s'est tourné vers le cyclisme, et dans une région vallonnée comme celle de San Francisco, il avait tout pour devenir un véritable professionnel. Ce fut le cas. Il entama une vaste collection de vélos, et tous ceux qui pédalèrent avec lui s'aperçurent rapidement qu'il ne fallait pas le sous-estimer. De plus, c'était bon pour lui, l'exercice physique est un excellent remède contre la dépression, et plus il pédalait, mieux il se sentait.

Il avait été un ami du cycliste Lance Armstrong avant les révélations scandaleuses de dopage, et il lui arrivait de traverser l'Atlantique pour aller le soutenir sur le Tour de France. « J'adore cette épreuve, avoua-t-il en 2003 à *Sports Illustrated*. J'aime beaucoup voir travailler ses équipiers. Ces types se donnent à fond pour lui : ils lui apportent à manger, à boire, ils l'emmènent en haut d'une côte, ils lui remplacent son oreillette quand elle ne fonctionne plus, tout... Courbés sur leurs machines, ils lui apportent tout ce qu'il demande. C'est un mélange de Quasimodo et de Gunga Din ! Leur directeur sportif peut demander à l'un d'eux : "Eh, ça t'ennuierait de venir chercher de l'eau pour Lance à la voiture ?" Et le type doit aller complètement à l'arrière du peloton, prendre des bidons et remonter jusqu'en tête de course pour lui donner son eau. Et alors, Lance lui dit : "Elle n'est pas assez fraîche !" ... Ce sont de vrais esclaves ! »

Il était fier de sa collection de bicyclettes. « On peut les avoir pour 6 000 ou 7 000 dollars, expliqua-t-il au magazine *Autograph*. C'est moins cher qu'une Maserati et plus facile à garer. Je les ai toutes accrochées dans mon garage. J'adore m'en servir. Une grande partie d'entre elles sont de véritables sculptures. Pour la plupart, elles ont été faites à la main. »

Tony Tom, partenaire d'entraînement de Robin, était le patron d'un magasin de vélos de San Francisco.

« Il adorait le cyclisme, C'était son exutoire, avoua-t-il au bord des larmes, dans une interview émouvante pour *Nightline*, après la mort de l'acteur. Peu après l'overdose de John Belushi, il était passé au magasin. Il lui fallait une activité pour libérer son trop-plein d'énergie. Il m'a dit : "Le vélo m'a sauvé la vie, tu sais." Et il a ajouté : "C'est tout de même meilleur pour la santé que la cocaïne." La région de San Francisco, c'était son terrain de jeu, si l'on peut dire. Il adorait sortir.

« Quand il était dans le coin, on se voyait à peu près une fois par semaine. C'était un passionné, et son niveau était excellent. Toujours chaleureux, incroyablement charmant et généreux, il répondait toujours ou discutait avec ceux qui venaient le voir. Je ne l'ai jamais vu refuser un autographe. C'était vraiment quelqu'un de bien. Il va nous manquer à tous. À nous de vénérer ce qu'il nous a laissé : toutes ses interprétations, tous les films dans lesquels il a joué. Jamais personne ne pourra le remplacer. »

Effectivement. Mais Williams subissait aussi une autre dépendance, moins saine pour lui. Tout le monde savait que c'était un joueur assidu – il avait d'ailleurs appelé ses enfants « Zelda » et « Cody » par référence à des jeux vidéo, Cody d'après *Final Fight*. Mais ce n'est qu'au début des années 2000 que le grand public put vraiment comprendre jusqu'à quel point cela pouvait aller.

Robin ne cherchait pas à le cacher, il parlait volontiers de son passe-temps. En fait, il était accro à Internet. Pas uniquement aux jeux, mais aussi aux forums de discussion (sans nécessairement révéler son identité, même si la rumeur selon laquelle il se faisait parfois passer pour une fillette de 6 ans du nom de Samantha était fausse). Il aimait beaucoup s'amuser en ligne.

« Ça ne me fait pas peur. De fait, j'y suis même plutôt accro », reconnut-il dans une interview pour *Zap2It*, c'est-à-dire bien avant la généralisation du Wi-Fi. Il emportait son ordinateur partout, ce qui était loin d'être banal à une époque où n'existaient ni Smartphones ni tablettes. Seuls des hommes d'affaires les transportaient généralement avec eux. « Quand je découvrais qu'un hôtel ne proposait pas d'accès haut débit à Internet, c'était pour moi comme s'il n'y avait pas de toilettes. Lorsqu'on est y est habitué, il est impossible de revenir en arrière. Quand on connaît l'ADSL, on ne peut plus utiliser de modem téléphonique. Je joue en ligne, je n'ai pas l'intention de mentir à ce sujet, et ce que je préfère, c'est affronter d'autres personnes. Surtout si mon adversaire est un gamin de 12 ans qui joue tous les jours au même jeu depuis un an, et qui en connaît chaque secret. Je suis fasciné par les jeux de guerre. »

Lui arrivait-il de consulter les sites de ses propres admirateurs ? « C'est à double tranchant. Très risqué, parce qu'on peut y trouver des choses géniales, mais aussi des commentaires horribles. Je l'ai fait un jour, avoua-t-il. On tombe sur des gens qui adorent ce que vous faites, et d'autres qui détestent. C'est le Web. On y trouve de tout, comme dans la vie. » C'était bien sûr avant Facebook, Twitter, Instagram et les trolls. À cette époque, on ignorait encore l'étendue des possibilités offertes par Internet.

Mais Robin adorait ce passe-temps. C'était un mordu de jeux à la première personne (FPS) comme *Half Life*, et de jeux de stratégie en temps réel tels que *Warcraft 3* : « Il existe un million de jeux, et un grand nombre d'entre eux bénéficient de modifications, les *mods*, expliquait-il, très pointu sur le sujet. Les mods transforment ces jeux du tout au tout, et le résultat n'a souvent rien à voir avec l'original. Par exemple, des types ont complètement modifié *Half Life* pour en faire un jeu sur la Seconde Guerre mondiale, *Day of Defeat*, avec des Allemands et des Américains qui se battent sur la plage, comme pendant le Débarquement en Normandie. Mais ces types ont tout fait seuls, et les créateurs du jeu original leur ont plus ou moins donné leur bénédiction, c'est fabuleux. C'est un univers à part entière, avec sa propre mythologie, ses clans et ses groupes. »

Il se révéla que Robin en savait long sur la question. « Ça a commencé de façon assez rudimentaire, les joueurs devant se lancer dans des quêtes, mais désormais, avec des jeux comme *Morrowind*, *Neverwinter Nights* et *Dark Age of Camelot*, on doit créer son personnage et le développer, et certains vont même jusqu'à le revendre sur eBay quand il est devenu suffisamment fort ! » Il en voyait aussi les inconvénients : « Tant que ça ne devient pas… les jeux vidéo, c'est comme la cocaïne, ça crée une accoutumance. Il faut faire attention et se fixer des limites. Le pire qui soit arrivé, d'après ce que j'en sais, c'est un gamin qui s'est tué parce que son personnage était mort. Là, on se dit : "Attends une minute. Ça dépasse les limites du simple jeu, là…" »

L'un des drames de Williams fut que même s'il était quelqu'un d'extrêmement intelligent, il était incapable de se raisonner. Non seulement il avait le danger sous les yeux, mais il l'avait identifié : le jeu vidéo créait une dépendance. Et si l'accoutumance au vélo ne présentait pas vraiment d'inconvénient, il en allait tout autrement pour cette obsession-là, surtout quand on avait tendance à la dépression. Le fait de se retrouver seul dans une pièce avec son ordinateur et ses idées noires était la pire chose qui pouvait lui arriver, et après sa mort, beaucoup se demandèrent si sa dépendance aux jeux vidéo n'avait pas joué un rôle dans la dégradation de son état moral.

Mais comme souvent, personne ne s'en inquiéta. Lors d'une apparition dans l'émission *The Tonight*

Show avec Jimmy Fallon, Robin expliqua à quel point il adorait *Call of Duty*. Il aimait aussi les jeux de rôles (ce qui n'est guère étonnant de la part d'un acteur). Après sa mort, il fut annoncé qu'on allait commémorer sa disparition dans le jeu *World of Warcraft*. C'était une de ses facettes que ses fans ne connaissaient pas forcément, mais elle était très présente. À la conférence Google de l'édition 2006 au salon Consumer Electronics Show, il se produisit sur scène en direct et participa à une démonstration de *Spore,* à l'invitation du créateur du jeu Will Wright, lors de l'Electronic Entertainment Expo. Chaque joueur imagine une créature simple ressemblant à une spore, qui évolue jusqu'à former de petites communautés, puis des villes, des pays, des planètes, etc.

Williams en créa une extrêmement souple, capable d'embrasser ses propres fesses, et la termina par trois paires de bras, un torse fin et de petites jambes. « Je suis en train de concevoir une créature qui ferait dire à Darwin : "Houlà, plus jamais je ne reprendrai de l'acide !" », s'exclama-t-il avant de l'affubler d'un très long nez. « C'est une créature capable de sniffer de la coke à des kilomètres. » En 2007, il fit partie des nombreuses célébrités qui participèrent au Worldwide Dungeons & Dragons Game Day à Londres.

Dans une interview en ligne avec *Reddit*, il évoqua le sujet : « J'attends impatiemment le prochain *Call of Duty*. Ce qui m'a le plus étonné, c'est de voir, lors de différents séjours en Irak ou en Afghanistan, des soldats y jouer en revenant de patrouille. Je leur ai dit : "Vous le vivez en vrai, mais jouez quand même à ce jeu ?" »

Il restait néanmoins prudent : « Je joue aussi à *Battlestations : Pacific*. J'ai hâte que la nouvelle Xbox soit disponible. Les graphismes vont être fabuleux. Ce sera comme si les personnages évoluaient dans mon salon. Il va falloir que j'aille dans ma salle de bains en esquivant les tirs et en rampant ! Je n'ai pas encore eu l'occasion de voir la Wii U ou la PS4, mais quelque chose me dit que je ne vais pas tarder à devoir faire un séjour dans l'aile "Jeux vidéo" du centre de désintoxication Betty Ford ! »

En 2011, il répéta, dans une interview au *Daily Telegraph* : « C'est comme de la cybercocaïne. Surtout si vous jouez en ligne contre d'autres personnes. Ça crée une forte dépendance, on n'est plus dans la réalité. » Cela faisait partie du charme du jeu, naturellement, puisqu'il rêvait de pouvoir échapper à la réalité. Et, si ce n'était pas par des produits qui altéraient la conscience comme l'alcool ou la drogue, ce serait avec autre chose.

Cela donna lieu à l'apparition de messages très étranges sur Internet. Quelqu'un se faisant appeler DigInTheCrates entama, sur un site de divertissement du nom de The Vesti, un fil de discussion ayant pour titre « Doit-on se préparer à la mort imminente de Robin Williams ? » Ce n'était pas le premier du genre, mais celui-ci fut posté le 8 août 2014, trois jours avant le décès de l'acteur. Même si personne ne se doutait de quoi que ce soit, bien évidemment.

Quelqu'un demanda : « Pourquoi ? Tu envisages de le tuer ? »

DigInTheCrates répondit : « Il est vieux et en mauvaise santé. Raison pour laquelle j'ai créé ce fil de discussion. Non, je n'envisage pas de le tuer, espèce de tordu, pourquoi irais-je tuer quelqu'un que j'adore ? »

Puis, bien sûr, le malheureux Robin mourut, déclenchant une avalanche de commentaires sur le fil, s'en prenant surtout (mais avec humour) à DigInTheCrates.

« Ouais, celui qui a posté ce message est possédé par le diable ! »

« La police va surveiller ce fil. »

Quelqu'un d'autre s'est-il dit « J'espère vraiment que R.W. n'a pas décidé de mettre fin à ses jours après s'être rendu compte, en lisant ce fil, que ça faisait plus de dix ans qu'il ne nous avait plus fait rire » ?

« Celui qui a posté ce message est un ange de la mort. »

« Ne vous en prenez pas à moi, insista DigInTheCrates. C'est à vous que je reproche de ne pas l'avoir suffisamment aimé de son vivant. »

Mais ils furent parmi les premiers à lui rendre hommage après sa disparition, avec ses amis acteurs. Un internaute, Vulpes, écrivit sur le forum de ZeldaUniverse.net : « Compte tenu de son lien avec le jeu *Zelda*, vous ne croyez pas qu'il faudrait que la communauté s'organise pour transmettre ses condoléances à sa famille ? On pourrait peut-être collecter des fonds pour son association Windfall, non ? » De nombreux autres le couvrirent d'éloges. Même si Robin avait souvent eu le sentiment d'être un paria, on l'avait parfaitement accepté dans ce milieu. Ses amis joueurs l'adoraient, car en révélant publiquement sa passion, il était devenu l'un d'entre eux.

Vulpes raconta ensuite à Salon.com : « Le plus impressionnant, dans la relation de Williams avec le jeu vidéo, c'est qu'il n'en avait pas du tout honte. Aujourd'hui, quand une célébrité reconnaît s'y adonner, elle considère qu'il s'agit d'une tare : "Je sais que c'est débile, mais je joue aux jeux vidéo !" »

Mais ce n'était certainement pas une bonne chose pour sa santé. Quelques années auparavant, le Dr Douglas Gentile, de l'université d'État de l'Iowa, avait participé à une étude intitulée « Pratique pathologique du jeu vidéo chez les jeunes : étude longitudinale sur deux ans », publiée dans la revue *Pediatrics*. Bien sûr, Williams n'était pas un jeune, mais en lisant une interview du chercheur, on voit mal pourquoi les conclusions auxquelles le scientifique a abouti ne s'appliqueraient pas aussi à son cas.

« Je m'attendais à découvrir que la dépression menait au jeu, déclara-t-il. Mais, dans cette étude, on s'est aperçu que c'était l'inverse. Que la dépression semblait découler du jeu. Quand les enfants deviennent dépendants, si l'on peut employer ce terme, leur état dépressif semble s'aggraver. Et quand ils ont été désintoxiqués, leur état s'améliore. »

Il en était cependant arrivé à croire qu'en réalité les deux allaient de pair. « Je ne crois pas vraiment que la dépression soit une résultante, poursuivit-il. Je pense qu'il s'agit de deux phénomènes "comorbides" (quand plusieurs troubles sont associés à un mal primaire). Lorsqu'une personne souffre d'un désordre, il en apparaît généralement d'autres. Quand vous êtes bipolaire, vous pouvez être victime, au bout de un an ou deux, de problèmes d'anxiété ou de phobies sociales. Et quand ces troubles commencent à interagir, ils s'aggravent les uns les autres. La dépendance au jeu et les problèmes de santé mentale des sujets de l'étude sont suffisamment rapprochés dans le temps pour avoir un impact les uns sur les autres. Plus on est dépressif, plus on se réfugie dans le jeu, ce qui n'aide pas à résoudre le problème. Cela ne permet pas de soulager votre dépression, celle-ci s'aggrave, donc vous jouez encore plus, votre état dépressif empire, c'est un cercle vicieux. »

Ce n'était assurément pas un passe-temps très sain pour quelqu'un qui avait souffert de problèmes psychiques tout au long de sa vie.

Mais cela ne l'empêchait pas de continuer à faire des apparitions au cinéma et à la télévision. En 1997, avec son ami Billy Crystal, il accepta de jouer, dans un épisode de *Friends*, « Celui qui voulait être l'ultime champion » dans la troisième saison. À l'approche du nouveau millénaire, il avait de nombreux projets.

Il incarna un robot doué de sentiments dans *L'Homme bicentenaire* (1999), inspiré de la nouvelle d'Isaac Asimov. Ce fut un plaisir, pour un fan de science-fiction comme lui : « J'ai lu *Les Robots* à la fac, révéla-t-il au magazine *Science-Fiction Weekly*. Je n'ai lu *L'Homme bicentenaire* qu'après avoir accepté de faire le film. Après, j'ai lu *Tout sauf un homme*, le roman de Robert Silverberg, inspiré de la nouvelle d'Asimov. Ce qui est intéressant au sujet des robots, c'est que le film est fidèle à l'esprit de l'auteur. Il est étrange, si je ne me trompe pas, qu'aucun long-métrage n'ait encore été tiré des écrits d'Asimov.

« Il y est question d'intelligence artificielle et de comportement humain. J'ai toujours été fasciné par ces thèmes, source de ma vocation d'acteur. C'est vraiment un sacré exercice de considérer leurs différents aspects. Mais c'est le principe de l'évolution. Et Asimov parlait d'une créature morale et pleine d'humanité, les robots étant ces êtres doués de sensations et tenus de respecter les “trois lois”, qu’ils ne peuvent enfreindre, même s’ils en ont envie. »

En fin de compte, le film obtint des critiques assez mitigées et ne déclencha aucun enthousiasme délirant.

L’une des caractéristiques les plus attachantes de Williams est sans conteste sa vulnérabilité : curieusement, pour quelqu’un qui avait été brutalisé pendant son enfance, il n’avait pas peur de révéler quand il souffrait. Et certaines critiques récentes lui avaient vraiment fait du mal. Il ne fut jamais en mesure d’échapper à l’accusation de sentimentalisme – c’était parfois mérité, comme dans le cas du très mièvre *Docteur Patch* –, et put difficilement se contenter d’en rire.

« Oh, mon Dieu, c’était effrayant, confia-t-il en 2002 dans une interview au site TotalDVD.net. Il m’est arrivé de lire des attaques contre moi dans des critiques d’autres films ! Une journaliste a dit que celui qu’elle chroniquait était si mauvais qu’il fallait envoyer son réalisateur sur une île déserte avec ceux qui avaient produit *Docteur Patch*, en espérant qu’ils se noieraient tous avec Robin Williams. Je me suis dit : “Oh, allez, inutile de t’en prendre encore à moi !” Mais j’ai l’impression que mes derniers films leur ont permis de changer d’avis. »

Il faisait référence à trois longs-métrages dans lesquels il interprétait une série de personnages vraiment sinistres. Dans *Photo Obsession* (2002), il joue le rôle d'un employé de laboratoire de photo solitaire, obsédé au point de traquer la famille Yarkin dont il développe les clichés.

Le second, *Crève, Smoochy, crève !* (2002), est une comédie noire à propos d'un amuseur pour enfants qui se venge d'un rival. Enfin, il y eut le sous-estimé *Insomnia* (2002 aussi), dans lequel il partage l'écran avec Al Pacino. Le scénario est centré sur le personnage de Pacino, un flic de Los Angeles envoyé en Alaska, qui tue par mégarde son équipier et se retrouve impliqué dans une histoire malsaine. Robin y interprète superbement un tueur inquiétant qui, au cours d'une relation téléphonique avec Pacino, reconnaît sa culpabilité.

Ce film fut un succès aussi bien commercial que critique. On ne peut donc pas dire que Williams ait subi le même traitement que précédemment, mais il méritait certainement plus d'éloges. Peut-être sa réputation a-t-elle joué contre lui au point que certains eurent du mal à croire qu'il puisse être à la hauteur du grand Al Pacino, même si c'était le cas ?

S'agissait-il d'une volonté délibérée de jouer les monstres après avoir interprété un Patch falot ? « Ah oui, ma période marron, expliqua-t-il à TotalDVD.net. Je n'ai pas cherché sciemment à jouer dans des films noirs. C'était simplement un étrange concours de circonstances. D'abord *Photo Obsession*, puis

Crève, Smoochy, crève ! et *Insomnia*. J'ai trouvé ces films si bons et si étranges que je me suis senti obligé de les faire, surtout avec ces metteurs en scène. Avec une dizaine d'autres personnes, j'ai vu *Memento*, de Christopher Nolan, le réalisateur d'*Insomnia*, et tout le monde s'est demandé : "Qu'est-ce que c'est que ça ? Il faut que je me fasse faire un tatouage pour me rappeler de revoir ce film." »

Ça plut énormément à Robin de jouer des méchants. Certes un rôle de composition, mais il n'avait que trop conscience qu'il risquait, là aussi, d'être catalogué. « Si on me propose un autre méchant, j'accepterai probablement, mais si ça continue, on va commencer à dire : "Oh, je vois que vous jouez encore un de ces personnages, monsieur Williams..." J'adore jouer ce genre de rôles, parce qu'on n'est plus obligé de chercher à se faire aimer, et le résultat peut se révéler très surprenant pour le public. Les gens se disent : "Oh, c'est un gentil monsieur, il ne peut rien faire d'horrible." Et puis ils comprennent que... c'est un sale con ! »

De toute évidence, il cherchait à éviter les étiquettes, et ce fut sans doute ce qui le poussa à remonter sur scène. Tout au long de sa carrière, il avait continué à jouer dans des cafés-théâtres, mais il s'y replongea sérieusement, cette fois. En 1986, il avait été le premier humoriste à monter sur la scène du Metropolitan Opera de New York, et voilà qu'il retournait à Broadway avec un spectacle de stand-up, le quatrième diffusé sur la chaîne payante HBO, et en direct, cette fois.

Comme toujours, il était seul sur scène, se mettant à nu devant les spectateurs pendant deux longues heures. Un exploit qui exigeait une énergie prodigieuse, surtout pour un spectacle aussi dynamique que le sien. Le public lui réserva un accueil formidable : qu'importe s'il appréciait son travail d'acteur dramatique, ce qu'il préférait, c'était qu'on le fasse rire. Et il fut gâté. Robin plaisantait sur tous les sujets, le président Bush, le golf, les Écossais, le Canada (« Le Canada, c'est comme un loft pendant une fête vraiment géniale »), les pandas (« Ils ont anesthésié un panda, ce qui était plutôt superflu »), le terrorisme, Keith Richards, l'Afghanistan, les piercings intimes, Winston Churchill, les cigarettes qu'on fait fumer à des bébés, Michael Jackson qui s'insurge contre le racisme (« Je me dis : "Mon chou, il faudrait déjà que tu choisisses une race" »), le snowboard, Donald Rumsfeld, les voyants, Coco le gorille, les prêtres catholiques grivois (il se fit légèrement huer sur ce sujet), les chats, la boxe, les Suisses, Ted Kennedy, les Oscars, Martha Stewart, Mike Tyson, la sécurité dans les aéroports, Gandhi, Charlton Heston à propos des armes, le fait d'avoir 50 ans, le Viagra, Oussama ben Laden, la Genèse et combien d'autres encore…

Ce fut une représentation incroyable, qu'il reprit soir après soir pour vingt-six spectacles complets, mais aussi en direct à la télévision. Même s'il y eut un problème technique lors du direct. D'après le site Web Imdb, au début du show, le présentateur annonça : « Mesdames et messieurs, veuillez faire une ovation à Robin Williams ! » environ cinq secondes trop tôt, alors qu'il était censé le faire juste avant la musique d'introduction. Cela ne se produisit naturellement que cette fois-là.

Le public en fut chaque soir réduit à pleurer de rire, et de nombreux admirateurs en appelèrent publiquement à Williams pour qu'il reprenne le stand-up et abandonne le cinéma (… ben voyons !). Quant à lui, il était dans son élément, faisant ce qu'il avait toujours fait de mieux, et le spectacle sorti en DVD se vendit comme des petits pains. En 2003, il remporta un Grammy Award pour le Meilleur Album parlé. Williams était encore le professionnel qu'il avait toujours été.

Mais comme d'habitude, le malheur planait. La santé de Christopher Reeve ne s'améliorait pas (elle ne s'améliorerait jamais plus). Et la mère de Robin avait trouvé la mort en 2001. Lorsqu'on lui demanda quelle était la chose la plus triste qu'il ait jamais vécue, il répondit : « Deux catastrophes pour le prix d'une : la mort de mon père et celle de ma mère. » Puis on lui demanda ce qu'il aurait changé dans son enfance s'il en avait eu l'occasion : « Avoir un frère, et non un demi-frère. » Le petit garçon solitaire était encore en lui, même s'il avait désormais la cinquantaine.

Robin ne pouvait s'empêcher de ressasser ses problèmes. Quand il jouait, que ce soit aux jeux vidéo ou sur scène, il pouvait échapper à la réalité. Mais, quand il redescendait sur terre, il se rendait compte des horreurs de la vie. « Ne serait-ce que la violence dans le monde. J'en pleurerais, avoua-t-il au magazine *Autograph*. Elle est implacable. Après un spectacle dans un café-théâtre de New York, j'ai vu un type discuter avec un Iranien, un Palestinien et un Israélien. Ils étaient tous d'accord pour vouloir la paix, mais ils ignoraient comment l'obtenir. Comment créer un État palestinien, alors qu'une partie de sa population rêve d'anéantir Israël ? Comment faire cesser un cercle vicieux qui tourne de plus en plus vite ? »

Bien sûr, il n'y avait aucune réponse à ces questions, mais Robin s'en posait beaucoup. Et aucun vélo au monde n'aurait pu le débarrasser de sa mélancolie pour laquelle, au bout du compte, il n'existait aucun remède. Il lui arrivait fréquemment d'annoncer qu'il en avait assez de jouer le petit garçon prisonnier d'un corps d'adulte, mais c'était sa véritable nature.

En 1984, il avait participé à une émission de télévision intitulée *Superstars and Their Moms* (on peut notamment en visionner des extraits sur YouTube), et le Robin que l'on y voit était totalement différent de celui qu'on connaît. Il adorait manifestement sa mère, mais contrairement à presque tous ses échanges publics, il était évident que c'était elle, et non lui qui menait les débats. Ils se chamaillaient beaucoup, mais on sentait une profonde affection réciproque.

Il avait finalement obtenu l'attention parentale dont il avait tellement eu besoin. Mais il n'avait plus sa mère.

« Qu'importent les critiques,
les paroles et les idées permettent de changer le monde. »

ROBIN WILLIAMS

– 12 –

LE DÉCLIN ET LA CHUTE

« Ma lutte contre l'accoutumance a forgé l'identité de l'homme que je suis aujourd'hui. Elle m'a poussé à aimer profondément le contact humain. Et à reconnaître la valeur de mes amis et de mes proches. De comprendre à quel point tout cela est précieux. »

ROBIN WILLIAMS

Avec du recul, il est désormais évident que l'année 2004 fut celle qui marqua le début du long déclin de Robin Williams. Son mariage jadis solide comme le roc était en train de péricliter, l'alcool et les cures de désintoxication n'étaient pas loin, et une fin extrêmement triste l'attendait. Mais il ne montrait aucun signe de tout cela, à l'époque. Même si l'on avait l'impression que son personnage commençait à se fissurer. Il partageait son temps entre le stand-up et les films dramatiques, dans lesquels il jouait non seulement de sales types, mais aussi des tueurs. Il ne faisait plus de comédies. Et, en interview, il ne se montrait plus aussi vif. Non seulement il avait abandonné son phrasé hystérique, mais il s'exprimait désormais si lentement que l'on sentait qu'il n'était pas loin de la dépression catatonique. Robin le clown faisait encore une apparition de temps à autre, mais c'était devenu quelqu'un de sérieux, ne souriant plus que rarement, sans parler de rire de tous les maux du monde. On était bien loin de *Mork & Mindy*.

S'ensuivirent quelques films sans grand intérêt, dont l'œuvre de science-fiction *Final Cut* (2004), un sous-Matrix dans lequel il incarne un « monteur » qui conçoit des films à partir des souvenirs des gens. Williams a longuement réfléchi à sa double vocation d'acteur et de comédien. « La comédie donne une sorte de courage, parce qu'on sait qu'il faut être prêt à tout donner pour que ça fonctionne, expliqua-t-il au *Sydney Morning Herald*, en 2004. Si les metteurs en scène aiment travailler avec des comiques, c'est parce que ceux-ci n'ont jamais peur de tenter des choses. Il faut qu'ils soient prêts à tout pour faire rire. Sur ce point, ils n'ont jamais honte et jamais peur. » Alors, pourquoi ne le voit-on plus dans des comédies ? « Il est difficile de trouver des scénarios avec des personnages forts, et quand c'est le cas, on s'entend dire : "Ce n'est pas le rôle, vous savez." »

Il ne lui a certainement pas été facile de puiser dans toute cette noirceur au fond de lui. En outre, il changeait beaucoup physiquement. Bien sûr, tout le monde change en vieillissant, mais Robin semblait rapetisser. À sa mort, dix ans plus tard, il semblait deux fois moins grand qu'à ses 20 ans. N'ayant jamais cherché à être très élégant, il commença à se soucier de moins en moins de son apparence. Il portait souvent la barbe, et si elle n'était pas vraiment mal entretenue, il ne semblait faire aucun effort pour la rafraîchir. Avec le recul, on se rend parfaitement compte que c'est là que tout a commencé à basculer.

La raison en a été le chagrin. Il avait été secoué par la mort de sa mère, trois ans auparavant : « Marsha et moi sommes tous les deux orphelins, désormais. Quand mes parents sont morts, je ne m'y attendais pas du tout. Ma mère était pleine de vie. Mon père aussi. Il a failli mourir, et quand on l'a ramené à la vie, il a demandé pourquoi nous avions fait ça. » Comme beaucoup de personnes de sa génération, il vit ses parents atteindre douloureusement un âge très avancé. Puis il les perdit. Il en fut profondément atteint.

Une autre disparition allait lui faire l'effet d'un coup de poing dans le ventre. Son ami Christopher

Reeve travaillait à la réalisation d'un film d'animation, *Everyone's Hero* (2006), quand, en octobre 2004, il mourut subitement d'un infarctus, sans que personne ne s'y attende. Si incroyable que cela puisse paraître, compte tenu du fait qu'ils avaient encore un jeune fils, sa femme Dana, pourtant non fumeuse, mourut d'un cancer du poumon deux ans plus tard.

Robin était anéanti. La mort d'un ami, quel que soit son âge, est toujours difficile à supporter, mais la fin de Reeve fut particulièrement tragique. Il n'avait que 52 ans, et son déclin physique avait été difficile à accepter. Alors qu'il avait été l'un des plus beaux acteurs de sa génération, après neuf ans passés dans son fauteuil roulant, il n'était plus que l'ombre de lui-même, et on avait du mal à croire qu'il avait incarné Superman. Cela paraissait n'avoir aucun sens : Christopher était apprécié dans le monde entier, généreux à l'excès, quelqu'un de bien. Il paraissait cruel qu'un tel sort lui soit réservé.

« J'ai du mal à me faire à l'idée qu'il ne soit plus là, parce que c'était un véritable battant, et il avait une personnalité très forte, déclara Robin en 2004, lors d'une interview pour CBS. Juste après son accident, les gens venaient me voir à New York, je me rappelle. "Dites à votre ami qu'il est fantastique !" Un éboueur, derrière son camion m'a interpellé : "Passez le bonjour à Chris !" Hier, en arrivant à la cérémonie, il y avait énormément de monde dehors : "On pense à vous ; toutes nos condoléances..." C'étaient des inconnus, des gens normaux. »

La vie continua, il n'avait pas le choix, mais rien n'aurait pu exprimer sa douleur. Comme Dana l'a dit un jour, c'étaient plus des frères que des amis. Ils avaient commencé ensemble, quand ils étaient jeunes et que le monde leur tendait les bras. La fin d'un lien de plusieurs dizaines d'années de souvenirs communs. La vie lui sembla soudain maussade, et la comédie, les jeux vidéo, le vélo et ses autres distractions ne pouvaient lutter contre la tristesse qui s'était emparée de lui.

Qu'il fasse ensuite des films plutôt mauvais et presque aussitôt oubliés n'arrangea pas les choses. *The Big White* (2005) est l'histoire d'un agent de voyage dont la femme est atteinte du syndrome de Gilles de la Tourette, et qui dérobe un cadavre et le fait passer pour son frère disparu. On est bien loin de *Citizen Kane*.

Mais en coulisses, et en dépit de ses souffrances, il faisait preuve d'une extrême bonté, et pas uniquement envers le très regretté Christopher Reeve.

À l'époque de ses débuts au Holy City Zoo, quand il avait commencé à gagner un peu d'argent – un salaire de misère – Robin avait acquis la réputation d'exceptionnelle générosité, qui l'accompagna tout au long de sa vie, en réglant les dettes de jeu d'un de ses amis.

En 2004, on apprit qu'il s'était donné la peine de téléphoner à Tim Pechey, un professeur de littérature qu'il n'avait jamais eu l'occasion de rencontrer– un grand admirateur de Robin et surtout du *Cercle des poètes disparus* – qui se trouvait à l'article de la mort. Lors du premier appel, ils avaient discuté une bonne demi-heure. Williams le rappela et lui fit également parvenir des vidéos.

C'était manifestement devenu une habitude. En 2014, on sut, peu après la mort de Vivian Wallern, une jeune femme de 21 ans en phase terminale qui vivait à Auckland, en Nouvelle-Zélande, que quelques semaines auparavant, il avait enregistré une séquence pour elle. Sur cette vidéo, il lui envoyait un baiser et lui demandait : « Eh, jeune fille, comment ça va là-bas tout en bas ? » Il lui chantait même une chanson. Ce qui allait bien au-delà de ce que l'on aurait pu attendre de la part de n'importe quel autre artiste, et ce, juste avant d'être submergé par ses propres problèmes.

Il travaillait bénévolement pour les forces armées américaines. En décembre 2004, deux mois après le décès de Christopher, Robin était de retour au Moyen-Orient, un séjour qu'il raconta dans les colonnes du *San Francisco Chronicle* : « En Irak, si certains des spectacles avaient lieu à l'intérieur, la majeure partie d'entre eux se déroulait dehors. Et tout le monde était en tenue de camouflage... sauf moi !

Je me dis : “Houlà !” C’est étrange de voir tous ces uniformes différents, au sein des troupes de coalition. Il y en a vraiment de toutes sortes. Les Australiens sont en camouflage de désert, les Américains aussi, mais certains portent la tenue officielle de leur pays, entièrement kaki. Je leur dis : “Ça ne va pas vous être très utile, ici. On est en plein désert.” Et puis, il y a l’Air Force, avec ses camouflages bleus. À moins de se trouver constamment dans le ciel, qu’est-ce que c’est que cette m… ? Bleu, ouais, bien sûr. Même les gays, ils sont là : “Euh, non. Œuf de caille, pour quoi faire ? C’est bleu sarcelle. Bleu sarcelle et blanc, c’est fabuleux !” Les spectacles ? On jouait à certains endroits devant 2000 à 3000 personnes. Il fallait garder le rythme. »

Il avait bien conscience de poursuivre la tradition initiée par Bob Hope durant la Seconde Guerre mondiale. « Oh, ouais, comme un spectacle de Bob Hope, sans les histoires graveleuses. Bob Hope avec des bretelles, vous voyez ? C’est le général (le chef d’état-major Richard B. Myers) qui ouvre les hostilités. C’est un pur et dur. Il en impose, juste pour dire : “Bonjour, et merci.” C’est quelqu’un de très particulier, il va à la rencontre de tout le monde. La première année, on était avec lui. C’était simplement un spectacle pour l’association United Service Organizations (USO), et j’étais le seul artiste. On assurait les spectacles, et la plupart du temps, on passait la nuit à la base. Notamment en Afghanistan. À Bagram, Kandahar, Jacobabad (au Pakistan)… On allait d'une base à l'autre. Avec le général, on va partout. Contrairement à la fois précédente où j'étais tout seul l'an dernier, j'étais avec lui, et c'était amusant, c'est lui qui paie tout, et on va partout, on n'attend nulle part. »

À 53 ans, Robin Williams fut récompensé par un Golden Globe Award pour l'ensemble de sa carrière, ce qui était peut-être un peu tôt. Puis il prêta sa voix à Fender, dans *Robots* (2005), un film d'animation. Figuraient également à l'affiche Ewan McGregor, Halle Berry, Greg Kinnear et Mel Brooks. C'était un pas en avant. Le film obtint de bonnes critiques et remporta un succès commercial. C'était son premier film d'animation depuis *Aladdin*, une expérience positive. Comme pour ce dernier, il improvisa plus d'une trentaine d'heures d'enregistrement, même si une grande partie de son travail ne put être conservée au motif que c'était… trop osé. « Je crois que je me suis adressé à un public un peu trop adulte, reconnut-il. Je ne peux pas m'en empêcher. Je me sens inspiré, et les mots viennent tout seuls. »

En arrière-plan, cependant, un problème de taille commençait à se profiler : durant le tournage de *The Big White*, il avait rechuté. Depuis quelques années déjà, il s'était remis à boire, et cela commençait à se faire sentir. « J'étais dans une petite ville, pas dans un coin perdu, mais pas loin. Et je me suis dit : “Et si je buvais quelque chose ?”, expliqua-t-il au *Guardian*. J’ai cru que ça allait peut-être m’aider. Je me sentais seul et j’avais peur. Je travaillais trop, et j’ai pensé que ça pourrait peut-être m’aider à tenir le coup. Ce fut une catastrophe. On se sent mieux, tout est merveilleux. Ensuite, on comprend vite que c’est un problème, mais on est seul. »

Et voilà que sa vulnérabilité refaisait surface : il se sentait seul et avait peur. Qu’est-ce qui pouvait l’inquiéter à ce point ? Il était encore une immense star, son nom remplissait les salles et suffisait à faire reposer un film entièrement sur ses épaules. De plus, dans le privé, il avait une famille unie et stable. Mais le petit garçon était encore là, et ses problèmes ne semblaient pas près de se dissiper.

Sa rechute avait pour origine les questions qu’il se posait sur sa carrière. Il ne pouvait guère ignorer les critiques désastreuses de ses films, et qu’un certain nombre d’entre eux ne trouvaient pas leur public. Hollywood pouvait excuser la sensiblerie, mais pas l’échec, et c’était ce qu’il commençait à redouter. C’était arrivé à un tas d’autres acteurs avant lui. Et lorsqu’on est au sommet, on ne peut plus que retomber plus ou moins vite, car les détracteurs ravis de vous enfoncer ne manquent pas.

« Le tournage de *The Big White*, se rappelle Williams à propos du film qui l’a de nouveau conduit à vider les minibars, s'est déroulé à Skagway, une toute petite bourgade de l'Alaska. Le film était intéressant, mais j'étais inquiet. Ma carrière cinématographique n'évoluait pas comme je le souhaitais. Un jour, je suis entré dans un magasin, et j'ai aperçu une petite bouteille de Jack Daniel's. J'ai alors entendu cette petite voix – je l'appelle ma "basse conscience" – qui me disait : "Eh ! Pour goûter. Juste une." Je l'ai vidée, et j'ai connu un bref moment de : "Ah, ça va mieux !" Mais ça a très vite dégénéré. Au bout d'une semaine, j'achetais tellement de bouteilles que dans la rue, j'avais l'impression d'être un carillon ambulant. J'ai compris que c'était très grave quand, le soir de Thanksgiving, on a été obligé de me porter jusqu'à ma chambre. »

Il nia que la mort de Christopher Reeve avait aggravé la situation, mais on ne connaît pas toujours les raisons qui nous poussent à agir. « Non, assura-t-il au *Guardian* quand on lui posa la question. C'est plus égoïste que ça. C'est simplement la peur. On a l'impression que ça va nous donner du courage, mais ce n'est pas le cas. » D'où venait cette peur ? « De partout. C'est général. Argggghhh ! C'est de l'angoisse. »

À l'écouter, il s'était immédiatement rendu compte que cela risquait de mal finir, même s'il continua à boire pendant trois ans. « La première semaine, on se ment, on croit qu'on peut s'arrêter quand on veut.

On se sent plus détendu, on a l'impression que le corps dit : "Non, continue encore un peu." Ensuite, au bout de trois ans, on finit par s'arrêter, généralement quand on comprend qu'on est en train de faire des choses embarrassantes. » Il se rappela avoir bu lors d'une vente aux enchères caritative organisée par Sharon Stone, à Cannes : « J'avais conscience d'être saoul, et quand j'ai levé les yeux, j'ai vu un mur de paparazzis. Je me suis dit : "Là, je crois que tout le monde est au courant." »

Au moins n'a-t-il plus touché à la cocaïne. « Je savais que ça me tuerait, poursuivit-il. Non. La cocaïne ? Un produit qui rend paranoïaque et impuissant, comme c'est amusant ! Jamais je ne me suis dit : "Oh, et si j'en reprenais ?" Les discussions inutiles jusqu'à minuit, se réveiller à l'aube avec l'impression d'être un vampire en plein jour ? Non, merci. »

L'alcool lui suffisait. Il avait un faible pour la vodka – le péché mignon de nombreux alcooliques. Des trous noirs le laissaient incapable de se rappeler ce qu'il avait dit ou fait la veille.

En 2006, son existence fut bouleversée et son mariage fut en péril. « Vous savez, j'avais honte et je faisais des choses qui me répugnaient. C'est difficile de s'en remettre, reconnut-il plus tard. On peut dire "Je te pardonne" et tout ça quand il s'agit de quelqu'un d'autre, mais on ne s'en remet pas facilement quand il s'agit de soi. » Sous la pression de sa famille, il entama une cure de désintoxication au centre de traitement Hazelden Springbrook dans l'Oregon, où il mit deux mois à décrocher. Il avait été troublé par ce qui était arrivé à Mel Gibson, un autre acteur qui avait lutté contre l'alcool pendant des dizaines d'années et qu'on venait d'arrêter pour conduite en état d'ivresse. Il s'était naturellement senti concerné. Des habitants de la région qui l'ont rencontré durant son séjour rapportèrent qu'il leur avait semblé abattu et défait. Il était manifestement en piteux état.

De fait, c'était pire qu'il ne le croyait. « Williams s'est inscrit à un traitement de trente jours, révéla au *Sun* une source anonyme. Mais à la fin du premier mois, il s'est rendu compte qu'il lui fallait encore un mois d'hospitalisation pour pouvoir de nouveau maîtriser son existence. Pendant le troisième mois, il logea non loin du centre, dans une maison spécifiquement dévolue aux patients après leur cure. Il était encore obligé de se rendre aux réunions quotidiennes des Alcooliques anonymes, et de consulter ses médecins de façon régulière. » Après son départ, il évita le domicile conjugal et préféra louer un appartement à Los Angeles. « Plutôt que d'aller retrouver sa femme et ses deux enfants à Napa Valley, il s'est installé à Los Angeles, où il loue un appartement avec un "compagnon de sobriété", poursuivit la même source. Williams a loué les services de cette personne pour le surveiller vingt-quatre heures sur vingt-quatre et vérifier qu'il n'y avait pas de rechute. » À ce stade, il croyait encore pouvoir sauver sa relation avec Marsha, mais il se trompait.

« C'est un mal sournois, expliqua-t-il à *Good Morning America* en 2006. Il attend que vous vous disiez : "C'est bon, maintenant, tout va bien." Vous vous rendez alors compte que ce n'est pas bon du tout. Vous vous demandez : "Où suis-je ? Je ne m'étais pas rendu compte que j'étais à Cleveland." » Sa cure fut suffisante pour qu'il retrouve sa sobriété, même si cette fois ce ne fut pas pour vingt ans, puisqu'il allait rechuter à la fin de sa vie, mais il était déjà trop tard pour sauver son mariage. Finalement, le partenariat personnel ou professionnel qui avait si bien fonctionné était sur le point de prendre fin.

Malgré tout, Williams continua de travailler. Il s'inquiétait encore pour sa carrière, car on ne lui proposait plus des rôles de premier choix comme par le passé, mais il continuait à jouer de façon régulière. Il participa au tournage du *Prince de Greenwich Village* (2004), réalisé par David Duchovny, dans lequel figure également sa fille Zelda. C'est l'histoire de Tommy, 13 ans, et de son ami Pappass (Williams), un homme d'une cinquantaine d'années qui a le même âge mental que lui. Il avait vainement voulu cesser de jouer des enfants écorchés prisonniers d'un corps de grande personne. Ce film, qualifié de

« comédie dramatique sur le passage à l'âge adulte », ce qui n'augurait rien de bon, fut un navet. Il aurait encore préféré un film moyen.

Quoi qu'il en soit, en professionnel accompli qu'il était, il donna de nombreuses interviews pour en faire la promotion. « J'ai fait des recherches sur les personnes légèrement handicapées mentales, expliqua-t-il en 2005 à *Cinema Confidential*. Elles sont très douées pour les relations sociales, mais beaucoup moins d'un point de vue intellectuel et affectif. Elles ont les capacités mentales d'un enfant de 10 ou 11 ans, même si physiquement elles sont capables de travaux manuels. Il s'agit d'un film très pointu. J'ai donc voulu tenter de découvrir une palette d'émotions originale. Certains savent tout et n'hésitent pas à dire : “On a déjà vu ça.” D'autres sont plus curieux : “Oh, voilà qui est différent.” Mon personnage est très bavard, mais il met du temps à comprendre les choses. D'un point de vue émotionnel, il est capable de saisir ce qui se passe, mais son développement semble arrêté à l'âge de 10 ou 11 ans. » « Encore », aurait-il pu ajouter…

Mais il a certainement pris plaisir à travailler avec Zelda, qui interprétait la Melissa que Tommy tente de séduire. Son père fut très fier d'elle : « Elle a été excellente dans *Le Prince de Greenwich Village* ! s'exclama-t-il. Elle était très instinctive. J'incarnais un handicapé mental, et en la regardant travailler, je me suis dit : “Qu’est-ce qu’elle est douée !” Elle est vive comme moi, mais en plus, elle a un côté sensible. Le plus grand compliment qu’on lui ait fait, c’était qu’elle était non seulement bonne actrice, mais aussi très généreuse envers les autres. Elle avait beaucoup de respect pour les enfants, déjeunait avec tout le monde, ne les prenait pas de haut, et se conduisait bien avec toute l’équipe de tournage. On me disait : “Elle est gentille, ta fille, c’est quelqu’un de bien.” Ça m’a fait doublement plaisir. »

Ce fut ensuite au tour de *The Night Listener* (2006). Tiré du roman *Une Voix dans la nuit,* d’Amistead Maupin (surtout connu pour ses *Chroniques de San Francisco*), il s’agit de l’histoire d’un animateur radio qui se lie d’amitié par téléphone avec un garçon et commence à douter de son existence. Encore un film en demi-teinte. En écoutant les interviews de l’époque, on se rend compte que l’acteur était de plus en plus abattu, même quand il ne pouvait s’empêcher de prendre des voix ridicules. Il laissa alors entendre qu’il avait de gros problèmes. « Il m’arrive de jouer parfois comme un hystérique ? Oui, avoua-t-il à Tery Goss, lors d’une interview radiophonique. Suis-je hystérique en permanence ? Non. M’arrive-t-il d’être triste ? Oh, que oui ! Est-ce que ça me fait souffrir ? Oh ! que oui. Il ne s’agit pas de dépression nerveuse, non. Non. Il m’arrive parfois, comme à tout le monde, de faire de petites déprimes. Je regarde autour de moi, et je me dis : “Houlà !” À d’autres moments, je me dis : “Bon, ça va.” »

Le décès de ses parents et de son ami Christopher Reeve, l’alcool, la cure, et à présent son mariage qui tirait à sa fin… Il commença à se sentir pris dans une vague qu’il ne maîtrisait pas toujours. Puis il y eut le fait indéniable que sa carrière n’était plus ce qu’elle avait été : il avait joué dans des films assez désolants, et personne ne semblait vouloir le lui faire oublier. « Pourquoi ? » demanda le *Guardian*. Pourquoi avait-il fait de tels choix ?

Williams se défendit. Brièvement. « Eh bien, beaucoup de gens m’ont dit qu’ils avaient vu *Les deux font la père* avec leurs enfants, et qu’ils avaient passé un bon moment. » Avant de reconnaître : « Non, c’était pour payer les factures. Il faut parfois faire un film pour gagner de l’argent. On sait dans quoi on s’engage, vraiment. On sait qu’on va jouer dans un navet. Mais ce n’est pas grave. » Vraiment ? C’était après tout un acteur formé à la Juilliard, quelqu’un qui prenait son métier très au sérieux. Et une bonne partie du public n’était pas d’accord avec lui. Quand on a goûté au succès, il est difficile de se satisfaire de projets de seconde zone.

Hélas, y eut d’autres nanars : *Man of the Year* (2006), avec Christopher Walken, *Camping-car* (2006 aussi), qui sortit directement en vidéo en France… Pour qu’il fasse autant de mauvais choix, il était possible que les différents traumatismes qu'il avait subis au cours des années précédentes aient faussé son jugement. Peut-être était-ce dû au fait qu'un nouveau divorce ruineux se profilait à l'horizon. Mais quand, en 2004 et 2005, il avait tourné chaque année trois films, en 2006 il figura étonnamment au générique de six longs-métrages. C'était une énorme charge de travail : soit il avait besoin de beaucoup d'argent, soit il prétextait le travail pour oublier tout le reste. Quelque chose n'allait pas, mais, au milieu de tous ces films peu mémorables, quelques joyaux résistèrent à l'épreuve du temps, et même s'il n'en était pas forcément la vedette, ils allaient grandement bénéficier de son talent. Le premier d'entre eux fut *La Nuit au musée* (2006), avec Ben Stiller dans le rôle principal. Si Williams eut du mal à jouer les seconds rôles, derrière un personnage comique plus jeune qu'il aurait lui-même pu incarner quelques années auparavant, il eut le bon goût de n'en rien montrer. Stiller incarne Larry Daley, gardien du muséum américain d'Histoire naturelle qui découvre que les personnages et animaux exposés s'animent la nuit. Theodore Roosevelt (Williams) lui en explique la raison, et peu à peu, Larry apprend à maîtriser cette pagaille. Le film, malgré des critiques mitigées, fut un immense succès commercial. Sans compter que le véritable muséum américain d'Histoire naturelle de New York vit considérablement augmenter le nombre de ses visiteurs. Robin n'était pas un adepte des suites au cinéma, mais il participa aux deux volets suivants, dont le dernier n'est pas encore sorti en salle.

Le second projet, *Happy Feet* (2006), engendra lui aussi une suite. Il s'agit d'un film d'animation sur des pingouins, dans lequel Robin prête sa voix à Ramon et à Lovelace. Cette histoire en apparence enjouée délivre un message environnemental : « On ne peut pas parler de l'Antarctique et des pingouins sans aborder ce sujet », expliqua le réalisateur George Miller. Non seulement il obtint de bonnes critiques, mais il battit *Casino Royale*, avec Daniel Craig, la nouvelle incarnation de James Bond, sur la plus haute marche du box-office. Il remporta de nombreuses distinctions, dont l'oscar du Meilleur Film d'animation.

Robin reprit son rôle dans le second épisode qui, sans originalité aucune, s'intitula *Happy Feet 2* (2011). Quel que soit son avis sur les suites, cette production déclencha un débat des plus sérieux sur l'environnement, débat qui se poursuit encore aujourd'hui. Voilà un homme si souvent accusé de sentimentalisme, qui finit assez ironiquement par jouer dans un film destiné aux enfants délivrant un message des plus sérieux.

D'autres films suivirent, sans toujours mériter qu'on les mentionne, mais quelle que soit sa charge de travail, il ne put reculer plus longtemps face à l'inévitable. Ces trois années d'alcoolisme avaient laissé des traces, et sa séparation d'avec Marsha devint inéluctable. Robin, l'enfant en manque d'affection qui ne supportait pas la solitude, se dirigeait droit vers un second divorce.

GUS :
Baisse le son, plat à gratin !
La Nuit au musée, 2006

– 13 –

UN NOUVEAU DÉPART ?

« Ah, oui, le divorce… du mot latin qui signifie "émasculer un homme à l'endroit de son portefeuille"… »

ROBIN WILLIAMS

Robin Williams avait sans doute espéré pouvoir sauver son mariage, mais la situation était trop désespérée, et en mars 2008, Marsha demanda le divorce, invoquant des « différences inconciliables ». Au total, cela lui coûta la coquette somme de 20 millions de livres. Ce n'était pas rien, même pour quelqu'un d'immensément riche. « Je m'entends merveilleusement bien avec mes ex, maintenant que nous ne sommes plus ensemble. Elles ont toujours aimé mon torse velu, ce qui était un plus, évidemment », déclara-t-il au *Daily Telegraph*, s'efforçant manifestement de prendre la chose à la légère.

En privé, cependant, il n'en pensait pas moins. Il comparait le fait d'être marié à un comédien à celui d'avoir un cobra : « En fait, il y a un certain attrait de la nouveauté, et la nouveauté, c'est de montrer le cobra à vos amis. Mais les comiques peuvent se révéler méchants, reconnut-il. En plus de notre cruel manque de confiance en nous, nous savons nous montrer redoutables. »

Plaisanterie mise à part, la situation n'avait rien d'amusant. Marsha avait été une véritable source de stabilité pour Robin : en 2008, quatre ans après le début de leur relation, il avait donné une interview au *New York Times,* dans laquelle il confiait : « Je n'ai plus besoin d'aller dans un café-théâtre, désormais, et d'avoir un peu d'intimité devant cent ou deux cents personnes. À présent, je peux obtenir le même résultat en discutant avec des amis autour d'une table. » C'était elle, l'artisan de tels progrès. Son ex-femme lui avait aussi permis de donner forme à sa carrière, et même si ce n'était plus allé aussi bien ces dernières années, elle s'était sérieusement impliquée dans certains projets, dont *Madame Doubtfire* et *Robin Williams Live On Broadway*. Ils s'étaient investis ensemble dans la fondation Windfall, avaient organisé de nombreuses soirées caritatives et s'encourageaient mutuellement dans leurs propres actions bénévoles, Marsha se consacrant particulièrement à Médecins sans frontières, et à Seacology. C'était aussi la mère de deux de ses enfants, et elle l'avait déjà aidé quand il était au plus bas.

Robin allait se marier une troisième fois, et il serait entièrement faux d'insinuer que Susan Schneider comptait moins à ses yeux que Marsha. Mais sa séparation d'avec cette dernière provoqua un séisme dans son existence. Non seulement ils avaient régné ensemble sur le Tout-Hollywood, mais elle avait été là lorsqu'il avait souffert de son premier divorce, sans oublier les joies partagées de la vie de famille. Pendant vingt ans, Marsha avait été au centre de l'univers de Robin, et cette rupture lui porta un coup terrible. Ce divorce puisait ses origines dans son mal-être et son cruel manque de confiance en soi, et se produisit à un moment où sa carrière était au plus bas. Ce n'était pas le meilleur moment.

Malgré l'absence de la moindre déclaration publique à ce sujet, certains signes avaient indiqué depuis longtemps que tout n'était pas rose. En 2007, Williams fut distingué par le Festival international du film de San Francisco, qui lui remit le Peter J. Owens Award, mais, étrangement, Marsha ne se trouvait pas à son côté. Elle fit paraître un communiqué très bienveillant après sa mort, mais on peut comprendre qu'ils aient tous les deux énormément souffert de cette situation. La cinquantaine désormais bien avancée, il lui fallait gérer ce problème d'âge (ce qui n'est aisé pour personne). Il insistait sur le fait que cela lui était égal, allant jusqu'à confier à *Philippine News Online* : « Je n'y pense pas vraiment. Je suis conscient que dans certains cas, à un certain âge, l'on se rend soudain compte qu'on n'a pas entendu ce que l'on venait de nous dire.

« Ou on a des "moments seniors", où on se demande : "Comment je m'appelle, déjà ? Ah oui, Robin. Ouais, c'est ça." » Son existence se révélait particulièrement difficile.

Pour couronner le tout, le plus âgé de ses demi-frères, Robert Todd Williams – « Toad » – mourut en 2007, victime de complications d'une opération du cœur (il allait lui-même en subir une un peu plus tard). Il avait de nombreuses raisons d'être triste. Même si les trois demi-frères n'avaient pas été très proches pendant leur enfance, cela avait changé quand ils étaient devenus adultes, et Robin fut extrêmement bouleversé. Avec une certaine ironie, compte tenu des récents déboires de l'acteur avec l'alcool, Toad était à la tête de Toad Hollow, une célèbre exploitation vinicole. En privé, il appelait l'un de ses bars *Risky Liver Inn*, « la taverne de tous les dangers pour le foie ». D'après Robin, « Toad a laissé une empreinte dans le milieu du bouchon où, comme le disait un ami, il a laissé un sillage considérable. » Bon vivant, il manqua à tous ceux qui le connaissaient.

Dana, la veuve de Christopher Reeve, trouva la mort à la même époque. Encore une tragédie qui terrassa Williams, parce qu'elle était la mère d'un jeune enfant. Il fit donc ce qu'il avait l'habitude de faire quand la vie reprenait le dessus sur lui : il retourna sur les planches. En 2008, il annonça qu'il s'apprêtait à se lancer dans une tournée de vingt-six dates, intitulée *Weapons Of Self Destruction*, référence évidente à ses récents déboires. De nombreux spectacles furent ajoutés, il se rendit même au Royaume-Uni et en Australie. Certains s'imaginèrent, à tort ou à raison, que c'était parce qu'il avait besoin d'argent, mais plusieurs éléments tendraient à les contredire.

D'abord, le stand-up lui avait toujours servi de refuge durant les périodes mouvementées de son existence, et c'était de nouveau le cas.

Son vieil ami Billy Crystal renchérit : « Ces deux dernières années, compte tenu de toutes les épreuves qu'il a dû traverser, il n'avait plus que son cerveau pour le maintenir à flot, expliqua-t-il en 2009 dans les pages du *Guardian*. Je crois qu'il a besoin du stand-up, mais d'une autre manière. C'est encore un domaine où il peut se rassurer, tout en évoquant certains sujets. En plus de faire du bien aux gens, cela lui permet sans aucun doute de se sentir mieux. »

D'autre part, quelles que soient les difficultés qu'il pouvait rencontrer dans sa carrière cinématographique, ses spectacles étaient plus populaires que jamais. Sa tournée afficha complet en un clin d'œil – pas mal, pour quelqu'un qui approche doucement de la soixantaine. S'il y avait peut-être un problème avec Williams l'acteur, le Williams humoriste était toujours aussi apprécié. Cela avait toujours été le cas, l'affection du public pour Robin n'avait jamais faibli, et persista jusqu'à sa mort.

Il pouvait s'en rendre compte quand il prenait la route. « Je me baladais, et on me demandait : "Oh, bonjour, comment ça va ?" raconta-t-il sur le site Web *Robin Williams Fansite*. Quatre-vingt-dix pour cent des gens sont extrêmement gentils.

« Les seules fois où ça n'a pas été le cas, c'étaient des ivrognes. En ayant moi-même été un, je comprends, mais ça ne m'oblige pas à accepter ce genre d'attitude. Comme un jour, je me promenais… Un type m'a soudain saisi par le bras pour prendre une photo avec son téléphone. Il n'était même pas saoul. Je lui ai dit : "Lâchez-moi !" Il continuait à se cramponner à moi. J'ai insisté : "Non, non, je vois que vous avez du mal à comprendre l'anglais, mais lâchez-moi. Je prendrai une photo avec vous. Traitez-moi comme une personne, pas comme un objet." Mais dans l'ensemble, ça va. »

Cela illustre parfaitement le fait qu'il ne passait jamais inaperçu. Bien sûr, cela n'avait rien de nouveau. Mais cela signifiait aussi que lorsqu'il avait des problèmes, tout le monde le savait aussitôt.

La tournée débuta en septembre 2008. Robin avouait désormais ouvertement qu'il le faisait pour l'argent – il n'aimait pas les rôles qu'on lui proposait. En plus de ses cibles habituelles, il évoquait sans retenue ses récents travers (« Je me plains, je me plains... mais mon verre est vide ! ») Mais, même pour cela, il n'était pas si direct qu'il n'y paraissait. L'humoriste Eric Idle, qui le connaissait depuis longtemps, avait parfaitement identifié le problème : « J'ai toujours eu l'impression que Robin se servait de sa vivacité d'esprit pour tenter de se dissimuler, plutôt que pour se mettre à nu. Même quand il parle de quelque chose de personnel ou de sexe, c'est toujours de façon générale, jamais de manière intime. »

Il n'avait manifestement rien perdu de son antipathie pour George W. Bush (« La bibliothèque de Bush sera interactive, ce qui est une façon habile de dire qu'on n'y trouvera pas beaucoup de livres »), et ne manquait jamais d'évoquer le nouveau président américain : « Obama est un mélange étonnant de Martin Luther King et de Spock. » Il était toujours aussi drôle. Il était encore parfaitement capable de faire pleurer de rire son public. Sur scène, comme il le faisait remarquer si souvent, il n'était plus dans la vraie vie.

Mais s'il faisait, du moins en partie, cette tournée pour échapper à ses problèmes, la réalité n'allait pas tarder à le rattraper. Au fil des dates, il commença à s'essouffler de plus en plus rapidement. Ce qui n'est pas rien quand on doit mener à bien un numéro aussi dynamique que le sien. Dans le privé, il était désormais plus calme, mais sur scène, c'était toujours le même feu follet. En février et mars de l'année suivante, il se mit à avoir des quintes de toux. Comme il devenait de plus en plus évident que quelque chose n'allait pas, il alla consulter son médecin. Au départ, on lui diagnostiqua un trouble respiratoire, mais on ne tarda pas à découvrir qu'il s'agissait en fait d'un problème cardiaque. Une angiographie révéla qu'il lui fallait subir un pontage, et en mars 2009, après avoir reporté quelques dates, il se fit opérer à la Cleveland Clinic, dans l'Ontario, puis passa quelques semaines de convalescence chez lui. On lui remplaça une valve par une valve de vache, ce qui, naturellement, prêta le flanc à de nombreuses plaisanteries.

« À la fin de certains spectacles, je me disais tout à coup : "Houlà, je suis vraiment épuisé", expliqua-t-il au *New Zealand Herald*. Ce n'était pas normal. D'habitude, j'étais un peu fatigué, mais ça allait. Alors, à Miami, où je devais donner quelques dates, je me suis dit : "Non, non, il faut qu'un médecin regarde ce qui se passe. Tu as deux semaines pour décider de l'endroit où tu veux te faire opérer." C'est comme si une alarme avait retenti : "Arrête tout et fais-toi installer cette valve." Cette tournée m'a vraiment fait comprendre qu'il fallait que je réagisse. »

Pour Robin, la plaisanterie était une seconde nature. En réalité, toutefois, cela ne lui servait qu'à alimenter sa dépression. Il eut « un peu peur » de ne pas survivre à l'opération, avoua-t-il au *New York Times* en 2009. Avant d'ajouter : « J'ai l'impression qu'on est plus vulnérable quand on a la poitrine ouverte, comme ça, pour la première fois depuis sa naissance. Je me retiens de pleurnicher : “Mes enfants ! Mes bébés...” »

Au final, l'opération fut un succès, mais elle n'aurait pas pu survenir à pire moment. Il avait déjà énormément de soucis, qu'il parvenait à régler en montant sur scène, et ce n'était pas en restant confiné chez lui avec ses idées noires pour seule compagnie qu'il allait retrouver la joie de vivre. Il lui fallait travailler, et ce lui fut un grand soulagement quand il eut l'autorisation de remonter sur scène.

Williams n'hésita pas à montrer qu'il avait retrouvé toute sa forme. Huit semaines après son opération, il diffusa une photo de lui, tee-shirt remonté, révélant son énorme cicatrice sur le torse. Il fit ensuite un passage dans l'émission de David Letterman pour expliquer ce qui lui était arrivé, sans manquer quelques improvisations. « Je sais désormais que lorsqu'on est essoufflé, il est probable que ce soit un problème cardiaque, reconnut-il. De même que lorsqu'on est tout le temps épuisé, il est probable que ce soit parce qu'on est alcoolique ! Ouais, je suis allé au centre Betty Ford parce que j'étais fatigué. Pour y faire une sieste !

« Je suis un handicapé éthylique. Quand je gravis une volée de marches, soudain, je m'en rends compte : "Je suis vieux." Mais quelque chose n'allait pas, je suis allé voir le médecin, il m'a fait subir une épreuve de résistance à l'effort, et j'ai fait du tapis roulant. J'ai une nouvelle valve, et on m'en a soigné une autre. J'ai une valve de vache, et c'est génial de ruminer. Je donne de l'excellent lait, aussi. Ça vient du cœur d'une vache. Ils m'ont laissé le choix : soit on vous met une valve de porc et vous irez chercher des truffes, soit une valve de vache. Les valves mécaniques ont une durée de vie moins longue. C'est génial, mais quand quelqu'un se sert d'une télécommande, ça vous fait péter. Oh, et tout ça, ça vous donne vraiment envie d'aimer les petites choses de la vie, comme le fait de respirer... » C'était tout à fait lui. Et il reprit la route.

« J'ai pris trois mois de congé, et ensuite, je me suis dit : "Je crois que je peux me remettre au travail", expliqua-t-il au *Star Adviser.* Un soir, j'ai tenté de remonter sur scène, mais au bout d'un mois ou deux de rétablissement, c'était encore un peu tôt, et je me suis rapidement essoufflé. Je me suis dit : "Tu n'es pas prêt, tu n'es pas prêt. Attention !" Puis, au bout de trois mois, j'ai compris que j'en étais de nouveau capable. Je suis un peu moins rapide qu'avant, mais pas beaucoup. Personne ne le remarque, mais j'y vais un peu plus lentement. »

Il allait passer un long moment en tournée, son spectacle finissant naturellement sur HBO dans une émission spéciale, et même s'il s'était plaint de la qualité des scénarios qu'on lui proposait, il continuait à en recevoir. Il serait inexact d'affirmer qu'ils étaient tous mauvais. « J'ai joué dans de petits films, confirma-t-il au *New Zealand Herald*. C'est génial de tourner dans ce genre de productions, mais ça ne paie pas les factures. Au sens propre du terme. Je les ai faits, c'était génial et j'en suis fier, mais ça ne paie pas l'électricité. Même le type pour qui j'ai travaillé dans le dernier, le réalisateur Bobcat Goldthwait, qui est aussi un humoriste, est obligé d'aller jouer dans des cafés-théâtres. Pour ma part, je donne des spectacles dans des auditoriums. On gagne tous les deux de l'argent à l'ancienne. »

Et les navets ? lui demanda-t-on. « Je ne regrette rien. Pour certains, il m'arrive de me dire : "Tu n'aurais peut-être pas dû tourner là-dedans", mais c'est trop tard. Certains sont très bien, d'autres moins bons, et d'autres encore, houlà ! En général, ceux qui ne fonctionnent pas sont ceux pour lesquels quelqu'un a dit : "Ça va faire un carton !" Les plus effrayants sont ceux dans lesquels j'ai joué pour de mauvaises raisons, pour gagner une montagne d'argent. »

Et voilà, encore une référence à l'argent. Malgré toutes les hypothèses qui ont vu le jour après la mort de Williams, il ne semble pas qu'il ait eu les moindres difficultés financières, si coûteux qu'aient été ses divorces. D'ailleurs, il lui restait encore quelques films à sortir. Le plus probable, c'est qu'il commençait à devenir obsédé par la peur de manquer d'argent. Ce qui est différent. Et c'est aussi la raison pour laquelle il en parlait tant. Mais, quand on connaît un passage difficile, tout semble sans espoir, même s'il n'en était pas encore là.

Le film dont il parle, celui qu'il a fait avec Goldthwait, fut en fait un véritable renouveau pour l'acteur. Il s'agit de *World's Greatest Dad*, une production à la hauteur de ses meilleurs films, qui recueillit des critiques telles qu'il n'en avait plus eu depuis de nombreuses années. Film d'art et d'essai, il ne fut pas projeté dans beaucoup de salles, mais on put l'y voir à son meilleur niveau, à des kilomètres de ses rôles les plus mièvres. C'était une comédie, mais très noire. Robin y interprétait Lance, un professeur de littérature anglaise à l'opposé de son personnage dans *Le Cercle des poètes disparus*, donnant des cours de poésie que tout le monde déteste. Romancier raté qui a du mal à se faire publier, il élève seul son fils odieux Kyle (Daryl Sabara), et entretient une relation décousue avec une collègue, qui sort avec un autre professeur beaucoup plus attrayant.

Un soir, quand Lance rentre chez lui, il découvre que Kyle s'est tué par accident lors d'un acte d'asphyxie auto-érotique, et pour lui éviter le déshonneur, fait passer sa mort pour une pendaison classique, quitte à rédiger une lettre d'adieux. Celle-ci devient culte dans l'école où il enseigne, de même que le journal intime de Kyle, que son père a lui-même contrefait. Lance voit alors son existence bouleversée : ses élèves commencent à le respecter, il fait une apparition à la télévision, la presse s'intéresse de plus en plus à cette histoire. Le seul à demeurer méfiant est Andrew (Evan Martin), l'ami de Kyle, qui trouve que la lettre et le journal émouvants ne ressemblent pas au disparu. Quand le directeur annonce que la bibliothèque de l'école portera dorénavant le nom de Kyle, Lance craque et avoue tout. Même si tout le monde lui en veut, il se sent libéré.

On est loin de *Docteur Patch*, mais ce film marque un retour en grâce de l'acteur. Si Williams s'en était tenu à ce genre de production, il aurait subi moins de critiques. Il n'avait jamais escompté remporter le moindre pactole avec ce film, il le reconnaît, mais le public l'adora. *World's Greatest Dad* fut présenté au Festival du film de Sundance, dans l'Utah. « Voici une comédie rafraîchissante et délicieusement perverse qui s'attaque à l'amour, au deuil et à notre curieux désir d'infamie » fut le verdict de la presse, tandis que l'on encensait Robin pour son interprétation remarquable. C'était « brillant », « génial » et « l'un des meilleurs films de l'année », d'après les critiques.

« Une excellente comédie dramatique sur le pouvoir de la communication positive posthume. L'un des films de 2010 à voir absolument », écrivit Catherine Bray. « Le rythme de Goldthwait est hésitant, et son humour souvent douteux, mais il a un sens de la provocation fascinant », fit remarquer Anthony Quinn dans *The Independent*. Le message était clair, Williams avait de beaux restes. Si seulement il a avait pu choisir ses autres projets avec un peu plus de soin… Toutefois, il est important de le souligner, le film ne rencontra pas un immense succès, sans doute à cause du thème traité.

Au départ, Goldthwait avait fait appel à Robin parce que c'était un ami, pas pour qu'il en joue le rôle principal, et uniquement pour voir s'il pouvait l'aider à faire produire ce film. « Après l'avoir lu, je lui ai dit : “Écoute, je vais essayer de t'aider à trouver un producteur.” Lorsqu'il avait joué Shakes le clown, j'avais obtenu de faire Jerry le mime, et j'ai voulu lui renvoyer l'ascenseur. Je me suis demandé quel rôle je pourrais jouer, mais je me suis dit aussitôt que c'était vraiment excellent. »

Il avait toutefois conscience que le thème abordé était difficile. « Avoir à gérer la mort d'un enfant… je ne veux même pas y penser. C'est très difficile. Mais le scénario était courageux, et il fallait en passer par là. On ne pouvait pas prendre ça à la légère. On ne peut pas dire : “Eh, mon gamin était un con. Il est mort. Et alors ?” Non, c'est impossible. » Et puis, il y a la scène où il maquille l'accident en suicide… « Ouais, il remet de l'ordre dans la vie de son gamin. Il tente de… même l'idée de lui remonter la fermeture Éclair et d'ôter tous les éléments accablants, c'est comme s'il se disait : “Bon, comment on va régler cette affaire, coach ?” »

La situation semblait s'éclaircir. Robin avait une nouvelle femme, Susan Schneider, qu'il avait croisée dans un Apple Store. « Je portais un pantalon de treillis, et elle m'a demandé : “Il est efficace, votre camouflage ?” Je lui ai répondu : “Il semblerait, puisque vous l'avez remarqué.” J'avais une drôle d'impression, alors j'ai rajouté : “Je sais que ça a l'air d'une horrible technique de drague, mais j'ai le sentiment de vous avoir déjà vue quelque part.” Et elle m'a rétorqué : “Ouais, moi aussi.” Ensuite, nous nous sommes rendu compte que nous avions un point commun, nous avions tous deux arrêté de boire », raconta-t-il au magazine *People*. Ils s'étaient rencontrés en 2009, juste avant que Robin ne découvre qu'il fallait qu'il se fasse opérer, et Susan, graphiste à San Francisco, avait tenu à prendre soin de lui pendant son rétablissement. Avec ses quinze ans de moins que lui et sa dizaine de centimètres en plus, elle était également peintre et parvint à lui apporter un peu de joie dans son existence.

Leur relation devint rapidement sérieuse : ils se marièrent en 2011 au Meadowood Resort de St. Helena, en Californie, et partirent en voyage de noces à Paris. Williams était le genre d'homme qui avait besoin d'une compagnie féminine. Il n'avait jamais eu le moindre mal à séduire les femmes, mais il lui fallait quelque chose de plus stable qu'une simple passade.

« Non, Apple. A-p-p-l-e Store. Nous cherchions tous les deux des accessoires de geek, nos regards se sont croisés, et nous nous sommes mariés le mois dernier, ce qui, considérant mon passé, revient à amener un grand brûlé à un feu d'artifice », déclara-t-il à une autre occasion au *Daily Telegraph*. Le couple avait investi l'ancienne demeure de la mère de Robin. « Avant, je me réfugiais dans mon ranch, mais, maintenant, je fais du kayak et du paddle, et je vais passer des heures dans les bois sur mon vélo. C'est le moment où je réfléchis, et ça m'est très bénéfique. J'ai aussi un carlin gay, Leonard, que j'emmène promener, parce que je n'ai aucun doute sur ma sexualité. Il a un copain, et ils envisagent d'adopter un chaton siamois. Nous sommes très modernes. »

C'était une nouvelle famille. Inutile d'être fin psychologue pour comprendre que Robin tentait certainement de remplacer celle qu'il avait perdue.

Il continua cependant à s'inquiéter pour l'argent. « On ne m'a pas encore demandé de participer à *Je suis une célébrité, sortez-moi de là !* J'imagine donc que ma carrière n'est pas encore totalement terminée, s'amusa-t-il dans le *Daily Telegraph*. Quoi qu'il en soit, jamais je ne prendrai part à ce genre d'émission. Jamais. Je n'aime pas trop les serpents, et je ne sais pas danser. Je suis si mauvais danseur, en fait, que je ne pourrais participer qu'à un téléthon, pour tenter de récolter de l'argent pour des handicapés : "Les lignes sont ouvertes. Envoyez-nous de l'argent, et on lui demande d'arrêter !" » Il semblait confondre *Je suis une célébrité, sortez-moi de là !* et *Danse avec les stars*, mais l'angoisse était bel et bien présente.

La stabilité retrouvée de sa vie privée et le fait qu'il recommençait à jouer dans des films corrects l'incitèrent de nouveau à prendre des risques. Cela faisait désormais des années que tout le monde avait oublié le peu mémorable *En attendant Godot*, au Lincoln Center, mais en 2011, il remonta sur les planches du Richard Rodgers Theatre dans la première pièce sur Broadway de Rajiv Joseph, *Bengal Tiger at the Baghdad Zoo*. C'était l'épouse de son manager, David Steinberg, qui lui avait présenté cette œuvre. Avec sa grosse barbe, qu'il portait souvent à l'époque, Robin interprétait le tigre, un animal gardé par deux soldats américains au début de la guerre d'Irak. Le tigre s'adresse au public, même après qu'un soldat l'eut tué. *Bengal Tiger* est une pièce risquée, et seul un acteur courageux pouvait décider d'en jouer le rôle principal. Une fois encore, il remporta d'excellentes critiques.

« M. Williams, l'humoriste agité qui a souvent révélé son penchant pour la guimauve au cinéma, ne cède jamais à la soif d'humour et d'émotion du public, écrivit Charles Isherwood dans *The New York Times*. Son interprétation est intelligente et intègre, incarnant avec un mordant constant l'animal qui devient la conscience interrogatrice de la pièce. » C'était mieux qu'à l'époque de *Godot*. De nouveau, il recevait l'approbation des professionnels dont il avait si grand besoin.

« Ça m'a fait un choc. C'était si puissant », avoua-t-il au *New York Times*.

« Quand j'ai lu le scénario, je leur ai dit : "Vous pouvez compter sur moi. Je peux donner une réelle dimension à cette pièce." Et de plus, je suis suffisamment poilu pour jouer le tigre. À vrai dire, la plupart du temps, les personnages sont des fantômes. Je ne veux rien dévoiler – c'est le sujet de la pièce –, mais on est en Irak, avec tous ces fantômes qui errent, prenant conscience de la réalité au fil de l'histoire. »

Il était bien sûr déjà allé en Irak pour divertir les troupes américaines. « La dernière fois, j'ai logé dans le pavillon de chasse d'Uday, l'un des fils de Saddam Hussein, même si la seule chose qu'il chassait, c'étaient les prostituées russes, expliqua-t-il à *Time Magazine* en 2011. C'était comme si Hitler avait fait construire

Graceland. C'était de très mauvais goût. Même les parrains de la drogue colombiens auraient trouvé ça vulgaire. L'impression que m'a faite la guerre, c'est de créer des fantômes. J'y étais encore récemment, et c'est en train de se calmer. Que va-t-on y laisser quand ce sera terminé ? À un moment, dans la pièce, quelqu'un dit : "Les Américains croient que lorsque quelque chose est mort, c'est tout, c'est terminé." Mais, quand on va au Moyen-Orient, on se rend vite compte que les choses demeurent. »

Ce fut un triomphe, et Robin obtint un certain succès. Une fois de plus, il prouvait qu'il était encore à la hauteur, et ce dans tous les domaines. Mais son angoisse au sujet de l'argent était tenace, et en même temps qu'il décida de vendre son magnifique ranch du comté de Marin, il estima qu'il préférait avoir des revenus réguliers.

Il boucla la boucle, et accepta de jouer une nouvelle fois dans une série télé.

« Sur scène, on est libre. On peut dire et faire des choses pour lesquelles on se ferait arrêter n'importe où ailleurs. »

ROBIN WILLIAMS

– 14 –

LE RIDEAU TOMBE

« Vous vous rappelez le tatouage de fils barbelés que vous vous êtes fait faire à 18 ans ? Quand vous en avez eu 80, c'est devenu une clôture de jardin. »

ROBIN WILLIAMS

Robin Williams s'adapta à sa nouvelle vie. Ses enfants avaient grandi et pris leur liberté, même si, après le divorce de leurs parents, ils étaient allés vivre chez Marsha. Ne restaient donc plus que Susan, Robin et leurs chiens. Le tumulte de la vie de famille lui avait plu, mais même s'il n'avait pas divorcé, son existence aurait été différente. Prenant de l'âge, il avait ralenti le rythme.

« C'est plus calme, avoua-t-il en 2011 à *MSN Today*. J'ai simplement vu ma fille Zelda, il n'y a pas longtemps. Mon fils aîné est marié, et le plus jeune vient d'entrer à l'université. J'ai l'impression de les regarder partir dans l'espace. "Et c'est parti !" Je suis très fier d'eux. Je n'ai pas de diplôme, et mon père non plus. Quand mon fils Zachary a obtenu le sien, j'ai dit : "Mon garçon est une tête !" »

Malgré tout, Robin était lui-même un érudit.

Et il était fier de ses enfants. « Je rends d'ailleurs hommage à mon ex-femme, Marsha, put-on lire dans *Parade*. C'est elle qui a fait la plus grande part du boulot. Elle tente vraiment de leur enseigner les bases et de les protéger, mais sans excès. Pendant trois ans, j'ai été complètement dépassé. Aujourd'hui, j'essaie d'être là pour eux le plus possible. Il est important de pouvoir leur dire : "Si tu as besoin de moi, je suis là." Zelda joue dans de petits films et écrit, ce qui est merveilleux. Cody produit de la musique. Zachary est marié et il travaille. Quand il a eu son diplôme à l'université de New York, ç'a été l'une des journées les plus émouvantes de ma vie. J'étais très fier de lui. »

Il était étrange que Robin soit à ce point obsédé par les diplômes. Peut-être avait-il quelques regrets sur ce que sa vie aurait pu être s'il en avait eu ?

En attendant, il continuait à tourner des films. Il retrouva son double rôle dans *Happy Feet 2* (2001) : « Eh bien, pour que ça en vaille la peine, il faut que ce soit encore meilleur que dans le premier volet, et non une simple suite sans saveur, expliqua-t-il à *MSN Today*. George Miller, le réalisateur, s'est donné beaucoup de mal. Après avoir regardé le résultat, je lui ai demandé ce qu'il en pensait : "Je ne sais pas, mais je trouve ça mieux." "Moi aussi", je lui ai répondu. Grâce à la technologie, à nos interprétations et à tout le reste, il a franchi une nouvelle étape. »

Comme d'habitude, il n'hésita pas à improviser : « À un moment, Lovelace se met à parler dans une langue étrangère. Je me suis tellement amusé que j'ai failli m'évanouir. George me disait : "C'est génial ! Continue !" Je lui ai répondu que si je continuais, j'allais m'écrouler. Et puis, je me suis mis à entonner ce cantique baptiste. "Hmmmmhmmmmhmmmm." J'ai l'impression que c'est ce qui a inspiré la chanson de gospel dans le film. »

Puis il joua dans un autre film, qui ne fut malheureusement pas l'un de ses meilleurs choix : *The Angriest Man in Brooklyn* (2014). C'est l'histoire d'un homme odieux qui a un accident de voiture. Il se montre si désagréable envers le médecin de l'hôpital qu'elle lui dit qu'il ne lui reste qu'une heure et demie à vivre. Il va alors tenter dans un temps record de faire amende honorable auprès de ceux qu'il a blessés, tandis que le médecin, qui comprend qu'elle est susceptible de se faire radier, se lance à sa poursuite.

Les critiques furent sans pitié. « Une mièvrerie, dans laquelle Robin Williams cède à tous ses tics les plus mélancoliques », écrivit Peter Debruge dans *Variety*. « On a du mal à comprendre de quoi parle ce film », affirma Bilge Ebiri dans *New York Magazine-Vulture*. « Comme on pouvait s'y attendre, cette production est d'une sensiblerie aiguë, mais il s'agit également d'une comédie qui repose en grande partie, et vainement, sur l'énergie de Robin Williams, peu crédible dans le rôle de ce pauvre type », rapporta Nicolas Rapold dans le *New York Times*. « On dirait que toutes les scènes de dialogue ont été filmées par un ivrogne lors de la répétition d'une pièce de théâtre qui aurait très mal tourné », tenta d'expliquer Robert Abele dans le *Los Angeles Times*.

« Robin Williams prouve une fois de plus qu'il est capable de développer une énergie incroyable sans le moindre effort, sauf que cette fois, son talent comique proche de l'hystérie fait place à un mépris tout aussi bouillonnant », prétendit Drew Hunt de *Slant Magazine*. « Si Williams en fait trop dans ces scènes, ce n'est pas vraiment sa faute. Il respecte le scénario de Daniel Taplitz, truffé de fioritures inutiles », expliqua Jesse Hassenger d'*AV Club*.

Aïe ! Voilà qui ne dut guère faire plaisir à l'acteur.

Cela dit, malgré ces critiques violentes, on continuait à encenser Robin. On l'invita au Paley Center for Media à une soirée donnée en son honneur, parrainée par le magazine *TV Guide*.

« Je ne me suis jamais considéré comme une légende, se défendit Robin, un peu perplexe. Étrangement, c'était comme si j'étais une créature mythologique avec des petits lutins derrière moi qui chantaient "Nous te vénérons". Quand j'ai commencé à faire de la télé, il n'y avait que quelques chaînes, et il y en a maintenant plusieurs centaines. Et même si c'est la première fois que j'ai l'occasion de me rendre au Paley Center, je sais qu'on peut y voir des images incroyables de la télévision d'hier. »

Le réalisateur Bobcat Goldthwait y prononça un discours : « Je porte un toast au mariage de Robin, et à sa "Milf"[11] de femme. Et c'est moi qui lui ai organisé son enterrement de vie de garçon, où il a eu droit à la présence d'une ravissante artiste du nom de Lady Monster, qui n'a pas hésité à enflammer différentes parties de son anatomie. C'est le moins que j'aie pu faire pour Robin, qui m'a toujours offert une épaule où pleurer dans les situations les plus difficiles. On a passé un excellent moment, comme les meilleurs amis du monde. »

Robin tourna par la suite dans des films à plus petit budget, dont *The Face of Love* (2013), dans lequel Nikki (Annette Bening), tombe amoureuse d'un homme qui ressemble étrangement à son mari

11. Milf : acronyme de *Mother I'd like to fuck*, soit « mère de famille bonne à baiser ».

défunt (Ed Harris). Robin interprète Roger, un ami proche qui aimerait bien aller plus loin avec elle.

Comme souvent, les producteurs furent ravis de pouvoir compter sur Williams : « C'est probablement la personne avec laquelle j'ai préféré travailler, avoua la productrice Bonnie Curtis. J'ai fait sa connaissance quand j'avais 23 ou 24 ans. On a travaillé ensemble sur le film *Hook* (1991). Le tournage s'étant déroulé sur trois ans, on a eu le temps d'apprendre à bien se connaître. J'ai fait appel à lui parce que je trouvais qu'il était parfait pour ce rôle. »

Elle lui a fait parvenir le scénario et… « Il m'a rappelée pour me dire : "C'est Ed qui a le beau rôle." J'étais d'accord. Il a aussitôt ajouté : "Mais je comprends ce type. Roger. Je crois que je peux l'incarner. J'adorerais faire au moins un essai." Et ça a parfaitement collé. Il nous a été très précieux. Il m'a dit que ça lui avait rappelé une histoire un peu semblable, arrivée à sa mère. Elle avait croisé un homme qui ressemblait trait pour trait à son père, et ça l'avait bouleversée. Il s'est donc inspiré de cette anecdote, ce qui est très émouvant. Le ton de ce film est très tendre. En même temps, il est profond et dégage une certaine tristesse. C'est une histoire passionnée, de manière presque palpable. »

Il n'y avait absolument rien de mal à participer à ce genre de production – on est dans le domaine du cinéma d'art et d'essai, avec un sujet intéressant qui mérite d'être produit –, mais ce n'était pas le film à gros budget d'autrefois, et Williams s'inquiétait énormément pour l'argent. Dans d'autres domaines aussi, son existence était devenue passablement déprimante. Le comédien Jonathan Winters venait de trouver la mort, et Robin rendit un hommage émouvant à son ami, comme, hélas, tant de ses contemporains allaient bientôt le faire pour lui.

« Jonathan Winters était mon mentor. Un jour, je le lui ai dit et il m'a répondu : "Je t'en prie. Je préfère 'idole' !", mais je savais que c'était le cas. Je l'ai su dès que je l'ai vu au *Tonight Show*, quand Jack Paar lui a donné une canne. Ce qui s'est passé ensuite était du pur génie. Avec cette canne, John a interprété une dizaine de personnages différents, avec le son, la totale : un pêcheur à la mouche, un matador, Bing Crosby jouant au golf... Il avait l'esprit vif comme l'éclair, et j'étais subjugué.

« Vingt ans après, j'ai joué son père dans *Mork & Mindy*. Ses improvisations auraient pu faire l'objet de courts-métrages à elles seules. C'était épique. Parfois, je me joignais à lui, et j'avais l'impression de danser avec Fred Astaire. Face à lui, je donnais toujours le meilleur de moi.

« Jonathan était un enfant brillant qui refusait de grandir et considérait la vie comme son terrain de jeu. En avril, Johnny a éteint les lumières, mais quand il était parmi nous, son éclat était incomparable. Merci pour cette étincelle, mon grand. »

Ce ne fut malheureusement pas l'unique mauvaise nouvelle. Robin était toujours passionné de vélo, et son ami Lance Armstrong venait de se faire rattraper par une affaire de dopage.

« Si je me suis mis au vélo, c'est parce que je ne pouvais plus courir, expliqua-t-il à *Parade* en 2013. J'adorais courir, mais subitement, je me suis mis à souffrir le martyre. J'ai commencé à faire du vélo à la naissance de Zelda. Quand j'ai fait la connaissance de Lance, j'étais déjà un passionné de cyclisme. J'ai assisté à cinq Tours de France pour soutenir son équipe. C'est la raison pour laquelle ce scandale m'a vraiment démoralisé. »

S'était-il senti trahi ? « Ce n'était pas simplement Lance. Une grande partie de l'équipe se dopait. La dernière fois que je l'ai vu, c'était au cours d'une des dernières soirées de bienfaisance de sa fondation, Livestrong, juste avant son entretien avec Oprah. J'ai vraiment eu l'impression de me réveiller au beau milieu d'un rêve. »

Le monde de la télévision était en effervescence. David E. Kelley, l'homme derrière les classiques que sont les séries *Un drôle de shérif*, *Chicago Hope* : *La Vie à tout prix*, *The Practice : Bobby Donnell et Associés*, *Ally McBeal* et *Boston Justice*, inaugurait une nouvelle série, *The Crazy Ones*. Celle-ci relate l'histoire de Simon Roberts, qui travaille avec sa fille Sydney dans une agence de publicité du nom de Lewis, Roberts & Roberts. Si l'enthousiasme était à son comble, c'était parce que l'acteur qui allait interpréter Simon n'était autre que Robin Williams. Ce rôle avait été écrit spécialement pour lui. C'était la première fois qu'il jouait dans une série depuis *Mork & Mindy*, trente et un ans auparavant.

L'actrice qui incarnait sa fille Sydney, Sarah Michelle Gellar, avait immédiatement jugé l'affaire importante. Dès qu'elle avait eu vent de la présence de Williams dans une nouvelle série, elle avait appelé une amie, Sarah de Sa Rego, qui était en même temps la femme de Bobcat Goldthwait, pour lui avouer qu'elle adorerait jouer Sydney. Elle dit elle-même qu'elle aurait « harcelé » Robin : « J'ai même appelé son meilleur ami. Je lui ai dit : “Il faut que je joue dans cette série. Je t'en prie, parles-en à Robin !” Vraiment ! » Son vœu fut exaucé. « C'est une légende ! Attendez, c'est le meilleur comique de stand-up de tous les temps, il a remporté un oscar, et c'est l'homme le plus gentil du monde ! »

« C'est comme si Gandhi avait fini par se lever ! », rétorqua Robin.

Comme tant d'autres avant lui, il s'était servi de la télé pour se lancer dans le cinéma. Considérait-il le fait d'y retourner comme un pas en arrière ? Il n'avait aucune raison de le penser. Il était de plus en plus courant que de grandes stars de cinéma se consacrent au petit écran. Alec Baldwin, pour ne citer que lui, avait fait sensation dans *30 Rock*. Et David E. Kelley était l'un des plus grands noms de la télévision. Il n'y avait rien à craindre.

« Il nous fallait un acteur qui rassemble du génie, de la folie, de la comédie et un peu d'humanité, expliqua Kelley au magazine *Parade*. Robin était notre seul et unique choix. »

Williams s'est certainement beaucoup amusé. Ayant temporairement déménagé à Los Angeles avec Susan, il semblait très enthousiaste. « C'est génial ! s'exclama-t-il dans *Parade*. Ça a été une véritable bouffée de plaisir que de travailler avec Sarah. C'est quelqu'un de très gentil. Quant à la relation père-fille, ayant eu une fille, j'avais pu faire quelques recherches sur le sujet. Vous savez, la fierté, le fait de toujours vouloir l'aider, alors qu'en même temps ça l'empêche de s'émanciper… »

Mais ce n'était pas tout, quelque chose d'autre lui avait particulièrement plu. « L'idée d'avoir un emploi régulier est très séduisante, avoua-t-il sans détour en 2013. J'ai deux autres possibilités : repartir en tournée de stand-up, ou jouer dans des petits films indépendants et gagner le SMIC. La plupart du temps, ces films sont bons, mais, trop souvent ils ne sortent même pas en salles. J'ai des factures à payer. J'ai réduit mon train de vie, dans le bon sens du terme. Je suis en train de vendre mon ranch de Napa. Ce n'est plus dans mes moyens. »

Le ranch ne s'est pas vendu – il était toujours disponible après sa mort –, mais tout cela semblait le rendre malheureux, et même si Robin avait déjà été sujet à la dépression, on considéra qu'il s'agissait simplement d'humour. « On est au top, et d'un coup on ne l'est plus, tenta-t-il d'expliquer. Quand vous êtes au sommet, tout le monde se jette à votre cou. Un jour, je me suis fait arrêter par un flic. "Bonjour, monsieur Williams. Je ne vais pas vous mettre d'amende, mais j'ai une idée pour un film." » Et lorsque ce n'est plus le cas ? « On vous évite. » Cela n'avait pas l'air réjouissant.

Néanmoins, il était prêt à tout donner. Son personnage, Simon, était un « type capable de vous refourguer n'importe quoi. Il pourrait vendre des *frappuccinos* à Starbucks. Des nuages à Dieu. C'est quelqu'un de très nuancé. Il a eu la vie dure et a longtemps vécu sur le fil du rasoir. Il s'est marié plusieurs fois, est allé en cure de désintoxication, même dans une région viticole. Faites-moi confiance, j'ai moi-même fait les recherches ! » Simon, marié et divorcé à plusieurs reprises, a négligé Sydney pendant son enfance, et tente, maintenant qu'elle est adulte, de rattraper le temps perdu, même si elle doit faire ses preuves avant de pouvoir travailler dans son agence. C'est Simon qui est le plus agité, et Sydney est son faire-valoir.

Il y avait d'autres personnages réguliers, notamment un garçon sur lequel Sydney jette son dévolu, créant un certain esprit de compétition. Pam Dawber, alias Mindy, fit une apparition-surprise à la fin de la saison. C'était la première fois que Robin et elle figuraient ensemble à l'écran depuis le bon vieux temps. Mais malgré la présence de tous ces ingrédients, cette série n'obtint pas le succès escompté.

Tous ceux qui ont participé à l'aventure ont reconnu avoir été assez nerveux. *Zap2it* demanda à Robin comment il s'entendait avec Sarah. « Très bien, répondit-il. Le premier jour, nous avons été très francs l'un envers l'autre. Je me suis penché vers elle, et je lui ai dit : "Je crois que j'ai un peu peur…" "Moi aussi", m'a-t-elle rétorqué. Quand on a compris que personne ne regardait, ça nous a ôté beaucoup de pression, et on a commencé à se lâcher. »

Et James Wolk, qui interprétait le rédacteur-séducteur Zach Cropper ? « Il est très doué, assura Robin. C'est bien qu'il puisse s'amuser et se montrer aussi drôle en interprétant ce coureur de jupons. "Tu as couché avec elle ?" "Pas encore." "Bon, très bien." Il leur arrive de proposer des idées et d'en faire le bouc émissaire, ce qui est vraiment merveilleux. »

Ces jeunes acteurs étaient-ils intimidés par ses improvisations ? « Oh, non, ils suivaient parfaitement le rythme. Ils étaient même parfois plus vifs que moi, insista Robin. J'ai 62 ans, maintenant… Raison pour laquelle il a fallu que je retrouve le bon tempo. À la fin du pilote, je me suis dit : "Oh, c'est déjà terminé ? Il va falloir que je retrouve la forme, que je découvre le personnage, que je lui trouve des moments. Que je détermine jusqu'où je peux aller dans l'outrance." »

Mais ce n'était pas tout, comme nous allons le voir.

Le moins que l'on puisse dire, c'est que les critiques furent relativement mitigées. « Williams ne peut s'empêcher d'aller piocher dans son vieux sac à malice – avec ses voix de dessin animé, ses grimaces, ses jeux de mots –, mais son interprétation de Simon Roberts, à demi bouffon, à demi génie, ne manque pas d'émotion, et le vieux briscard de la comédie est en parfaite alchimie avec sa fille à l'écran, Sarah Michelle Gellar », résume Morgan Jeffrey de *Digital Spy*.

Dans le même temps, Rob Owen du *Pittsburgh Post-Gazette,* reste ouvert à toute éventualité : « Je ne sais pas si *The Crazy Ones* finira par devenir une série, mais le pilote propose suffisamment de charme et d'humour pour que l'on s'y intéresse. »

Toutefois, Ross Bonaime, de *Paste,* se montre cinglant : « Je ne sais pas pourquoi, mais *The Crazy Ones* demeure une comédie très ennuyeuse, malgré une des distributions les plus fabuleuses à ce jour. Cette série me tape sur les nerfs. On a également l'impression que chaque épisode surgit du néant, aucun événement n'ayant de conséquences sur ceux qui suivent. Il n'y a aucune trame, il est impossible de s'attacher à un personnage. »

« Conçue et produite par David E. Kelley, la série *The Crazy Ones* a pour vedette Robin Williams, qui incarne Simon Roberts, un génie de la publicité, et Sarah Michelle Gellar, dans le rôle de sa fille Sydney qui travaille avec lui, décrivit Kelly West sur le site Cinemablend.com. Roberts est quelqu'un d'aussi énergique que loufoque, comme on est en droit de s'y attendre de la part d'un humoriste comme Williams qui adore improviser, alors que Sydney est plus réservée, refusant de suivre en permanence ses idées farfelues et d'accepter sa conduite souvent ridicule. »

C'est sans doute *The Boston Herald* qui est le plus près de la vérité en disant : « Williams semble épuisé. »

Vu le nombre de films dans lequel il a tourné, c'était assez compréhensible. Il avait désormais la soixantaine et son énergie, si surhumaine soit-elle, avait ses limites. Mais on avait également l'impression qu'il commençait à baisser les bras. Il avait connu quelques années particulièrement difficiles, et la dépression, qui n'était jamais bien loin, s'emparait de nouveau de lui.

Pire, du moins d'après certains, il s'était remis à boire. L'une des scènes de la série fut tournée à Beverly Hills, au célèbre restaurant de Wolfgang Puck, lieu privilégié des repas d'affaires. « Robin a insisté pour qu'on lui serve véritablement de l'alcool, révéla une source anonyme. Jusque-là, personne ne l'avait vu boire. Il enchaîna les verres, mais cela semblait l'apaiser. » Si ces allégations sont fondées, ce n'était pas une bonne nouvelle : non seulement il s'était remis à boire, mais il ne cherchait même pas à s'en cacher. Quand il avait replongé, en 2003, il s'était au moins efforcé de le dissimuler, soutenant aux barmen que les verres étaient pour quelqu'un d'autre. Dix ans plus tard, il ne semblait plus se soucier de ce genre de précautions.

Mais ce n'était pas tout. Les producteurs avaient fait appel à lui parce que c'était quelqu'un de loufoque qui n'hésitait jamais à improviser, mais une fois sur le plateau, la rumeur courait que le reste de la distribution ne le supportait pas. On raconte en particulier que Sarah Michelle Gellar aurait eu beaucoup de mal à travailler dans ces conditions, même s'il faut ajouter qu'elle n'a jamais rien dit en public qui allait dans ce sens, et qu'elle a été profondément bouleversée en apprenant la nouvelle de sa mort. On n'était plus à l'époque de *Mork & Mindy*. En ce temps-là, Robin était quelqu'un d'extrêmement ambitieux, un jeune homme charmant impatient de laisser son empreinte. Il avait désormais plus de 60 ans, et ce qui fonctionnait à 20 ans ne fonctionnait plus forcément plusieurs dizaines d'années plus tard. Il se plaignait lui-même du manque de cohésion dans la distribution, et le sentiment était réciproque. Les acteurs en avaient visiblement assez de son besoin permanent d'être au centre de l'attention.

Si cela avait fonctionné avec Mork, Simon était un personnage différent.

De plus, le fait qu'il vienne souvent sur le plateau accompagné de son carlin Leonard ne plaisait pas à tout le monde. « Il l'emmenait partout, poursuivit la source anonyme. Dès qu'il quittait le plateau, il le prenait dans ses bras, le caressait et le cajolait. » Cela en perturbait certains. Il semblait avoir l'esprit ailleurs.

Au final, la série se transforma en expérience malheureuse, et cela se ressentit dans les chiffres d'audience. Elle débuta avec 15,52 millions de téléspectateurs – le premier épisode étant le plus regardé cette rentrée-là –, mais s'acheva avec seulement 5,23 millions d'adeptes. Williams fut nominé pour différentes distinctions, mais n'en obtint aucune. Toutefois, Sarah Michelle Gellar remporta le People's Choice Award de l'Actrice préférée du public dans une nouvelle série télévisée, ce qu'il dut sans doute trouver rageant.

En mai 2014, les producteurs annoncèrent l'arrêt de la série. C'en était terminé de son retour à la télévision. Ce ne fut pas vraiment la renaissance glorieuse que tout le monde avait espérée. Et pour quelqu'un qui avait déjà du mal à supporter sa situation, ce fut un coup dévastateur.

En juillet de la même année, il retourna en cure de désintoxication. Son entourage démentit publiquement qu'il avait fait une nouvelle rechute : « Après avoir enchaîné les projets, Robin profite simplement de l'occasion pour se ressourcer et se concentrer sur son engagement permanent, dont il est extrêmement fier », put-on lire dans un communiqué. Mais il était évident pour ceux qui le connaissaient que quelque chose ne tournait pas rond du tout. Il se faisait du souci depuis plusieurs années pour sa carrière cinématographique, son retour à la télévision n'avait pas fonctionné, et d'après certains, il avait énormément de mal à rester sur le droit chemin.

Après avoir passé sa vie à lutter contre ses démons, il se sentait incapable de leur résister plus longtemps. Et quand on en arrive à ce stade, on ne se rend plus compte qu'on est soutenu par sa famille. Comme le dirait sa fille, Robin n'avait simplement plus conscience de combien il était aimé.

« La réalité, ce n'est qu'une simple béquille
pour ceux qui ne supportent pas la drogue. »

ROBIN WILLIAMS

Épilogue

UN GÉNIE DE LA COMÉDIE

« Vous allez connaître des moments difficiles, mais vous vous souviendrez toujours des belles choses auxquelles vous n'avez pas vraiment prêté attention. »

ROBIN WILLIAMS

En fin de compte, personne n'est en mesure d'expliquer ce qui peut pousser quelqu'un à bout. Robin Williams était au plus bas, ses revers professionnels ayant sans aucun doute joué un rôle important, mais il s'était battu toute sa vie contre la dépression. Ses inquiétudes quant à sa santé et à l'argent n'ont pas arrangé les choses, mais ce qui lui est arrivé est la conséquence d'une longue lutte, et non d'une série de contretemps. Comme sa fille Zelda le fit remarquer après sa mort, il ne se rendait pas compte de combien il était aimé. Même ceux qui avaient prétendu le détester quand il était à son apogée furent accablés de chagrin en apprenant sa disparition.

Cela dit, Williams a changé le visage du divertissement. Même s'il a joué dans quelques films médiocres, il a aussi tourné dans d'excellentes productions, qui font désormais partie du patrimoine populaire. Même *Mork & Mindy*, une série sans prétention, a marqué une génération entière de téléspectateurs. Et il a été le comédien de stand-up le plus remarquable de son époque, un artiste auquel personne n'aurait osé se frotter, capable de faire pleurer de rire le public de n'importe quelle salle. Mais chaque médaille a son revers. D'une certaine façon, on pourrait presque considérer que sa tentative de se maîtriser eut sur lui un effet castrateur.

« Ça s'est enchaîné, expliqua-t-il en 1991 au magazine *Rolling Stone*. Avec *Good Morning, Vietnam*, on a dit : "Ah, enfin il a trouvé le moyen d'être drôle tout en gardant une certaine mesure." Avec *Le Cercle des poètes disparus*, on a continué : "Oh, voilà qui est intéressant, il se bride encore plus." Et, avec *L'Éveil*, ça a été : "Ça y est ! Il est guéri ! Il va encore plus loin. Que va-t-il jouer ensuite ? Une porte." Et après ? Un trou noir ? »

Sans vouloir jouer les psychologues de pacotille, on peut affirmer qu'il finit par sombrer dans ce trou noir. À l'image d'un certain nombre de comédiens exceptionnels finalement terrassés par un monde qu'ils ne supportaient plus. On a souvent accusé Robin d'être trop sentimental ; peut-être, mais « trop sensible » serait sans doute plus juste.

« Williams semblait avoir une capacité étonnante à se mettre dans la peau de n'importe quel personnage, fit remarquer dans les colonnes du *Christian Science Monitor* Dwight DeWerth-Pallmeyer, professeur agrégé en communication à l'université Widener de Chester, en Pennsylvanie. Williams était intellectuellement en mesure d'incarner des personnalités d'une manière si nuancée que celle-ci reflétait autant la profondeur de ses personnages que sa propre intelligence. »

Mais cela le rendait encore plus vulnérable : quand il interprétait quelqu'un d'esquinté, il fallait qu'il ressente son mal-être. Et il était lui-même drôlement écorché. S'il jouait continuellement l'homme-enfant, c'était parce qu'il n'avait jamais cessé d'en être un. Même ses activités résolument adultes, comme le fait de se droguer, ou ses mœurs légères, à un moment donné, étaient issues d'un manque. S'il avait connu des périodes de débauche dans son existence, ce n'était pas pour autant un débauché.

« Il y avait aussi une profonde humanité dans son travail, une compréhension des différences, du fait que chacun avait un côté inventif et généreux. Il avait très bien assimilé ce besoin de se lier aux autres de manière instinctive. C'est dans ce genre de relations que les meilleurs artistes vont puiser, affirma dans le même *Christian Science Monitor* Derek A. Burrill, professeur agrégé en culture et médias à l'université de Californie à Riverside, comparant Williams à Tom Hanks, Bill Cosby, Peter Sellers et Richard Pryor. C'est leur "petit quelque chose en plus". »

Williams modifia aussi le visage du stand-up, devenant un comédien incontournable sur une scène de San Francisco en plein épanouissement. Il mit au goût du jour un style d'improvisation assez inédit. Il influença une génération entière d'humoristes en devenir, notamment Jim Carrey, qui, à ses débuts, alla même jusqu'à imiter Mork. Dans le domaine de la comédie, il mit la barre très haut. Peu nombreux étaient ceux qui pouvaient s'enorgueillir d'être à la fois aussi dynamiques et tumultueux que lui. Il marqua incontestablement son époque.

Il lui était inutile de s'inquiéter pour sa carrière. Il était en réalité l'un des acteurs les plus rentables de sa génération. D'après le site Internet Box Office Mojo, ses films cumulèrent un chiffre d'affaires de 3,2 milliards de dollars aux États-Unis, et de 5,2 milliards dans le monde. Il joua dans treize films qui rapportèrent plus de 100 millions de dollars aux États-Unis, ce qui est plutôt un bon score. Sans parler des ventes et des locations de DVD. On lui présenta sans doute moins de rôles majeurs à la fin de sa vie, mais il resta tout de même trente ans au sommet, soit bien plus longtemps que la majeure partie des acteurs. Un grand nombre de comédiens plus jeunes qui avaient eu du succès pendant quelques années furent complètement oubliés, ce qui ne fut certainement pas le cas de Robin, à en juger d'après les réactions à sa mort.

Son statut de personnage incontournable à Hollywood fut confirmé par le fait qu'au moment de sa disparition, le 11 août 2014, trois de ses films n'étaient toujours pas sortis. Il s'agissait d'*A Merry Friggin' Christmas*, récit du voyage en voiture d'un père divorcé et de son fils ; de *La Nuit au musée 3 : Le Secret des Pharaons*, dans lequel il retrouva son rôle de Theodore Roosevelt ; et *Absolutely Anything*, une histoire de science-fiction avec Simon Pegg et Kate Beckinsale, dans laquelle il donna sa voix à un chien du nom de Dennis. Il y avait aussi *Boulevard*, encore un film d'art et d'essai qui, à l'heure où nous écrivions, n'avait pas de date de sortie.

Les interminables pourparlers au sujet d'une suite à *Madame Doubtfire* avaient également repris, même si aujourd'hui, après la disparition de l'acteur, il est peu probable que ce projet voie finalement le jour. À la mort de Robin, le réalisateur Chris Columbus publia un communiqué dans les pages de *Variety* : « Ses interprétations étaient uniques. Elles semblaient venir d'un autre monde. C'était réellement l'une des rares personnes qui méritaient d'être qualifiée de "génie". »

Lorsque l'on sait tout cela, il semble vraiment que ses difficultés financières aient surtout été psychologiques. Sans doute l'âge y était-il pour quelque chose. Il avait la soixantaine – ce qui est loin d'être vieux, aujourd'hui –, mais Hollywood est constamment à la recherche de nouveaux talents, et Robin pouvait difficilement prétendre en faire partie. Mais c'était un véritable modèle, un homme incroyablement talentueux capable de passer du stand-up au film dramatique, et aussi un individu d'une grande générosité.

Le légendaire Robin Williams n'est peut-être plus parmi nous, mais son étoile continuera de briller pendant de nombreuses années.

« Il n'y a que dans leurs rêves que les hommes sont réellement libres. Il en a toujours été ainsi, et ce sera toujours le cas. »

JOHN KEATING (Robin Williams),
Le Cercle des poètes disparus, 1989

Le best of des histoires drôles de Robin Williams

Un livre sur Robin Williams sans histoires drôles serait incomplet. En voici quelques-unes parmi ses meilleures.

1. Dieu a donné à l'homme un pénis et un cerveau, mais malheureusement pas assez de sang pour pouvoir les faire fonctionner en même temps.

2. Pourquoi les voyants ont-ils besoin d'un numéro de téléphone ?

3. Quel est le con qui a eu l'idée de la polygamie ? Qui s'est dit un jour : « Tiens, ça ne va pas très fort dans mon couple, et si je prenais une deuxième femme ? »

4. Tout est fabriqué en Chine. Même les autocollants « Vive le Tibet libre ! ».

5. Vous ne croyez pas que Dieu se drogue ? Moi si. Prenez l'ornithorynque, par exemple…

6. Ne vous battez jamais avec des moches : ils n'ont rien à perdre.

7. Politique : du grec *poli*, qui signifie « nombreux » et de *tique*, qui signifie « parasite suceur de sang ».

8. Honda vient d'inventer une voiture qui se gare toute seule. Bon sang, mais pourquoi ça n'existait pas quand j'étais alcoolique ?

9. Je me demande si les chaises se disent toute la journée : « Oh, tiens, encore un trou du cul ! »

10. Je voudrais remercier mon père, l'homme qui, lorsque je lui ai annoncé que je souhaitais devenir comédien, m'a répondu : « C'est merveilleux, mais prends quand même un boulot d'appoint, comme la soudure. » Merci.

11. Tenter de vivre normalement quand on est alcoolique, c'est comme essayer de faire du lap-dance

quand on est paraplégique. On y arrive, mais moins bien que les autres. Vraiment moins bien.

12. À propos de l'Immaculée Conception : la nuit où Marie a dit à Joseph : « Joseph, je suis enceinte », il lui a répondu : « Sainte Mère de Dieu ! », et elle a répliqué : « Tu as raison ! Oh, Jésus-Christ, quel joli nom, Joseph ! C'est tellement mieux que Schmul ! Bravo ! Je t'aime, Joseph ! »

13. On dit que la satire est morte. Elle n'est pas morte. Elle est bien en vie. À la Maison-Blanche !

14. On a eu des cambrioleurs gays, l'autre jour. Ils se sont introduits chez nous, et ils ont tout réagencé.

15. On peut parler de mariage du même sexe, mais ceux qui sont déjà mariés vous le diront : « Ce n'est jamais bien différent ! »

16. Si les femmes dirigeaient le monde, nous n'aurions pas de guerres, juste d'intenses négociations tous les vingt-huit jours.

17. L'autre jour, je suis entré dans la chambre de mon fils, et il regardait quatre écrans en même temps : il suivait un film sur le premier, jouait à un jeu vidéo sur le second, téléchargeait quelque chose

sur le troisième et envoyait un SMS sur le dernier. On m'a dit qu'il était hyperactif. N'importe quoi, il est simplement polyvalent !

18. « Je crois qu'il est temps d'aborder le très sérieux sujet de la schizophrénie… » « Non, pas du tout ! » « La ferme, laisse-le parler ! »

19. Si, sur votre déclaration de revenus, vous déduisez « 50 000 dollars de frais de grignotage », ATTENTION ! Vous avez certainement un problème de cocaïne !

20. Accorder des crédits d'impôt, puis prétendre que l'économie va bien parce que c'est de l'argent qui pourra toujours être dépensé, c'est comme dire que les personnes obèses sont en bonne santé parce qu'elles pourront toujours faire de l'exercice.

Table des matières

Hommages 9

1. Quelqu'un qu'on aimait 15
2. L'enfant solitaire 39
3. Robin et la Juilliard School 57
4. Le phénomène des années 1970 75
5. Nanu nanu 93
6. Le monde selon Robin 109
7. Une période mouvementée 125
8. Au sommet 143
9. Triomphe et tragédie 159
10. Des Picasso et des princes 179
11. Game Boy 197
12. Le déclin et la chute 217
13. Un nouveau départ ? 237
14. Le rideau tombe 257

Épilogue 275

Le best of des histoires drôles
de Robin Williams 281

Composition :
Compo Méca Publishing
64990 Mouguerre

MARQUIS
Québec, Canada

Imprimé au Canada
Dépôt légal : Janvier 2015

ISBN : 978-2-7499-2507-3
LAF 1985